CODE

DU

CHASSEUR

Clichy.— Soc. d'impr. P. Dupont, 12, rue du Bac-d'Asnières.

CODE

DU

CHASSEUR

PAR

P. LESCUYER

Vice-Président du Conseil de Préfecture de l'Aube.

———

LOIS. — DÉCRETS. — CIRCULAIRES MINISTÉRIELLES.
JURISPRUDENCE.

PARIS

SOCIÉTÉ D'IMPRIMERIE ET LIBRAIRIE ADMINISTRATIVES
ET DES CHEMINS DE FER
Paul DUPONT
Rue Jean-Jacques-Rousseau, 41 (Hôtel des Fermes).

—

1881

AUX CHASSEURS

Vous voulez chasser, vous avez raison. La chasse, dit Buffon, est le seul amusement qui fasse diversion entière aux affaires, le seul délassement sans mollesse, le seul qui donne un plaisir vif, sans langueur et sans satiété.

Vous voulez chasser, mais connaissez-vous la loi sur la chasse ?

C'est pour tout honnête homme un devoir impérieux de donner l'exemple du respect à la loi. En général, on est porté à prendre pour modèles ceux que la fortune, l'esprit, le savoir placent en évidence; et combien de fois, pour ma part, ai-je entendu des ouvriers et des campagnards dire avec cette impitoyable logique : puisque ces gens-là se permettent de frauder le fisc, de chasser avec des engins défendus..... pourquoi ne le ferions-nous pas ?

Soyez donc esclave de la loi, et pour quelques cailles étiques et quelques perdreaux pouilleux ne risquez pas d'aller vous asseoir sur la sellette de la police correctionnelle.

Ami chasseur, j'ai pensé qu'il pourrait être utile de réunir d'une façon claire et méthodique, non seulement les textes des lois réglementant en France l'exercice du droit de chasse, mais encore les circulaires ministérielles, les arrêts de cours ou tribunaux rendus en cette matière, et constituant la jurisprudence.

Tel est le but que je me suis proposé en publiant cet ouvrage; qu'il soit le vade-mecum de l'honnête chasseur; qu'il soit son guide et qu'il lui permette de goûter complètement le plaisir de la chasse sans crainte du garde ou du gendarme.

CODE DU CHASSEUR

CHAPITRE PREMIER

DE LA CHASSE EN GÉNÉRAL

§ 1er. Historique.

L'histoire complète de la vénerie serait une véritable histoire universelle, car de tous temps et dans tous les lieux la chasse fut en grand honneur.

Les peuples de l'antiquité l'ont toujours considérée comme le plus noble des exercices, ils s'y adonnaient avec passion et allaient jusqu'à lui attribuer une origine céleste. Xénophon, dans son traité sur la chasse, enseigne qu'elle est une invention d'Apollon et d'Artémise, et que presque tous ceux que la mythologie a rangé au nombre des demi-dieux, se sont occupés de la poursuite des animaux sauvages.

Horace lui-même fut inspiré par les exploits cynégétiques des Romains :

> Manet sub jove frigido
> Venator, teneræ conjugis immemor,
> Seu visa est catulis cerva fidelibus,
> Seu rupit teretes Marsus aper plagas. (Livre II, Ode I.)(1)

Les Francs, nos ancêtres, étaient un peuple particulièrement chasseur, et nos vieilles chroniques françaises

---

(1)   De son épouse oubliant les attraits,
Tel en hiver se tient dans les forêts,
Soit que sa meute ait vu le daim rapide,
Soit qu'il relance, en chasseur intrépide,
Le sanglier qui rompit ses filets. (Yves Pérennès.)

attribuent à nos pères l'honneur d'avoir été les fondateurs de la vénerie.

Aux temps que nous rappelons l'exercice de la chasse était libre.

Solon avait bien introduit dans ses lois quelques dispositions relatives à l'exercice du droit de chasse. Justinien, dans ses *Institutes*, pose quelques principes à ce sujet(1) ; mais tous ces règlements étaient fort incomplets et ne pouvaient en rien constituer une législation.

Les rois de France, qui aimaient beaucoup la chasse et constataient tous les abus résultant du libre exercice de ce droit, chaque jour accaparé par les seigneurs, résolurent d'en entreprendre la réglementation.

Philippe le Long fut le premier qui fit paraître un règlement sur cette matière, en 1318. A partir de ce moment, ce furent des essais continuels : ordonnances de Charles VI en 1396, de François Ier en 1515, de Henri IV ; enfin, celle de 1669 qui réglementa la chasse jusqu'en 1789.

Alors le droit de chasse fut aboli comme droit féodal, et son exercice fut réglementé par le décret des 28-30 avril 1790, qui fut lui-même complété par ceux des 11 juillet 1810, 4 mai 1812, août et octobre 1830.

Cette législation reconnaissait à chaque propriétaire le droit de chasse sur ses terres, défendait la chasse sur le territoire d'autrui sans son consentement, exigeait que le chasseur fût porteur d'un permis de port d'armes de chasse, interdisait la chasse pendant un certain temps chaque année ; quant aux peines édictées contre les délinquants, elles étaient presque nulles.

---

(1) Livre II, titre I, §§ 12, 13, 14, 15, 16, *De rerum divisione*.

Ces dispositions qui n'étaient que provisoires furent
la loi jusqu'en 1844.

A cette époque, le nombre des braconniers augmen-
tait chaque jour; les dévastations qu'ils commettaient,
excitaient les plaintes des agriculteurs et propriétaires ;
le gibier était menacé d'une destruction complète. Des
pétitions furent adressées aux Chambres, les conseils généraux émirent des vœux à cet effet, et le gouvernement
justement ému de cet état de choses, et fort du vœu
public, présenta aux Chambres la loi qui, encore aujour-
d'hui, sauf de très légères modifications, régit cette
matière.

§ 2. Nature du droit de chasse.

Le droit naturel contient deux principes fondamen-
taux :

1° Nous pouvons détruire tout animal qui s'attaque à
notre personne ou à nos biens, et qui peut devenir un
danger pour la société;

2° Nous pouvons également tuer les animaux sauvages
qui peuvent servir à notre alimentation.

Le droit civil permet de prendre des mesures qui aient
pour but la réglementation de ce droit, dans l'intérêt
général de la société.

Ce sont ces principes qui ont été consacrés par l'ancienne législation, et qui ont servi de base aux prescriptions de la loi du 3 mai 1844.

De tout temps le droit de chasse fut considéré comme
un droit personnel, un attribut du droit de propriété.

Dans ces conditions, on s'est demandé si le propriétaire pouvait en faire l'objet d'un contrat.

L.

Par exemple, pourrait-il le vendre (1) ?

Toute division perpétuelle des éléments de la propriété est contraire à l'esprit des lois qui ont détruit le système féodal ; c'est pour cela qu'un avis du Conseil d'État (11 octobre 1812), a déclaré nulle la concession à perpétuité d'un droit de pêche ; c'est pour les mêmes motifs que nous croyons que le droit de chasse ne peut faire l'objet spécial d'un contrat de vente.

On a voulu soutenir l'opinion contraire, en disant que dans un contrat de vente l'on pouvait légalement se réserver pour soi, ses héritiers ou ayants droit, le droit de chasse sur la terre vendue. Nous pensons, avec bien des auteurs, que cette clause est valable non comme vente, mais comme constitution d'une servitude purement réelle au profit du vendeur sur le fonds vendu.

Rien ne s'oppose, et sous ce rapport la législation a pu s'établir, à ce que le droit de chasse fasse l'objet d'un contrat de louage (2). Le propriétaire peut parfaitement louer pour un temps déterminé, et moyennant un prix annuel, le droit de chasse sur sa propriété. (Metz, 1er mars 1854.) Il a même été jugé que l'on pouvait louer la chasse d'une espèce de gibier, quand ce gibier était le principal revenu du fonds ; par exemple, la chasse des oiseaux d'eau sur un étang, la chasse du cerf dans une forêt. (Bordeaux, 17 mars 1847.) Si la propriété est indivise, il est incontestable que le copropriétaire ou le colocataire ne peut louer sans le consentement des autres copropriétaires ou cofermiers. (Rouen, 21 février 1842. Paris, 12 décembre 1867.)

---

(1) *Code civil*, livre III, titre VI, art. 1582 à 1701.
(2) *Code civil*, livre III, titre VIII, art. 1708 et suivants.

Le contrat de louage étant un contrat par lequel l'une des parties s'oblige à faire jouir l'autre partie d'une chose déterminée pendant un temps, et moyennant un prix stipulé au contrat, il est naturel que le propriétaire qui loue sa chasse sans conditions spéciales perde tout droit de chasse.

De ce principe, il résulte aussi que le bail d'une ferme transmet au fermier la faculté de percevoir les fruits du fonds affermé, et, en aucune façon, le droit de chasse, car le gibier ne saurait être considéré comme un fruit du fonds, objet du contrat. Donc, à moins de stipulation contraire, le fermier ne peut chasser sur les terres de la ferme qu'il a louée. (Crim., cass., 4 juillet 1845. — Grenoble, 19 mars 1846.)

Le droit d'usufruit ayant pour objet de transférer à l'usufruitier un droit réel sur la chose (1), un dénombrement du droit de propriété, le *jus utendi et fruendi*; il est donc tout naturel de reconnaître le droit de chasse, non pas au nu propriétaire, mais à l'usufruitier qui pourra le louer s'il le juge convenable.

L'emphytéose est un contrat par lequel le propriétaire d'un héritage en aliène le domaine utile, c'est-à-dire la jouissance, pour un temps certain, et moyennant une redevance annuelle. Ce contrat constituant à l'égard de celui qui en est l'objet une sorte d'usufruit, il y a lieu de donner à l'emphytéote ainsi qu'à l'usufruitier, le droit de louer son droit de chasse.

Le droit de chasse étant refusé au locataire ou fermier qui a loué sans conditions spéciales à ce sujet, il doit

---

(1) *Code civil,* livre II, titre III, art. 587 à 624.

l'être aussi à l'usager (1), qui n'a qu'une jouissance bien plus restreinte de la propriété.

Il a été jugé que le droit de jouir d'une forêt et de l'exploiter n'emportait pas le droit de chasse, surtout lorsque la concession remontait à une époque où l'usager ne pouvait exercer ce droit. (Metz, 26 février 1850.)

§ 3. Des faits qui constituent la chasse.

Pour être fidèle à la pensée de la loi, a dit M. le garde des sceaux dans sa circulaire du 9 mars 1844, il faut entendre le mot chasse dans le sens le plus général et l'appliquer sans distinction à la recherche et à la poursuite de tout animal sauvage ou de tout oiseau. S'emparer d'animaux, dits domestiques, ne constitue donc en rien un acte de chasse ; c'est tout simplement un vol.

La chasse consistant donc dans la poursuite, la recherche, ou l'attente d'un animal sauvage pour se l'approprier, ou ne saurait accuser de fait de chasse un citoyen qui sort de chez lui en costume de chasse, même avec chien et fusil.

Cette question, y a-t-il oui ou non fait de chasse, s'est présentée bien souvent devant les tribunaux ; il a donc été jugé qu'il y avait fait de chasse et par là même délit et cause de poursuite :

Quand on tire, même un seul coup de fusil, sur un oiseau de proie. (Crim., cass., 13 novembre 1818.)

Quand on tire des coups de fusil d'une cabane élevée pour épier ou atteindre le gibier. (Crim., cass., 7 mars et 20 juin 1823)·

---

(1) *Code civil*, liv. e II, titre III, art. 620 à 636.

Quand on capture du gibier pour repeupler un parc. (Dijon, 28 novembre 1845.)

Quand on tire sur des petits oiseaux avec une arme à feu quelconque. (Crim., cass., 24 septembre 1847.) Quand même ce serait à l'intérieur d'une ville et sans que l'on ait l'intention de chasser. (Crim., cass., 6 mars 1857.)

Quand on fait poursuivre le gibier par son chien, que l'on soit ou non armé. (Crim., cass., 6 juillet 1854.)

Quand on se promène en faisant quêter son chien, même quand il s'agit de le dresser à la chasse. (Crim., cass., 17 février 1853.)

Quand, en temps de chasse prohibé, on emporte un animal blessé et même hors d'état de se guérir. (Angers, 12 août 1872.)

Quand, en qualité de traqueur, on assiste un chasseur pour retrouver et poursuivre un animal. (Trib. de Neuf-château, 7 décembre 1872.)

De même, on ne peut accuser de délit de chasse :

La personne qui fait le bois avec un limier tenu en laisse pour reconnaître le passage où la présence d'animaux sauvages. (Dijon, 17 novembre 1862.)

La personne qui prépare ou même plante les piquets qui doivent servir à tendre des nappes (Toulouse, 14 janvier 1864), ou bien encore qui prépare des banderolles pour une chasse et les tend pendant la nuit. (Paris, 31 mars 1865.)

Le propriétaire qui prête son équipage de chasse et qui même assiste en simple spectateur à une chasse en temps prohibé. (Dijon, 18 novembre 1845.)

La personne qui, se promenant dans les champs, a

attrapé du gibier et l'a relâché aussitôt. Ce principe a été consacré au sujet d'un cultivateur qui avait pris un lièvre et l'avait aussitôt relâché. (Nancy, 7 août 1871.)

Le fait de chasse étant laissé à l'appréciation du tribunal, nous pensons que les arrêts que nous venons de citer pourront suffisamment guider le chasseur.

On s'est demandé si un fait spontané et irréfléchi de chasse pouvait constituer un délit. Ainsi un homme se trouve sur sa porte, un lièvre passe près de lui, spontanément il rentre dans sa maison, prend son fusil et tue le lièvre. La cour de Bordeaux a décidé le 20 mars 1844, qu'il n'y avait pas fait de chasse, par conséquent pas délit. Nous pensons au contraire que le fait de chasse est très caractérisé, surtout s'il a lieu en temps prohibé. Il y a certainement dans ce cas absence de préméditation ; ce peut être une cause suffisante pour faire atténuer la peine, mais non pour faire disparaître le délit.

Il peut arriver qu'en l'absence du maître ou lui ne le sachant pas, ses chiens se livrent à la chasse : dans ce cas, nous le croyons parfaitement responsable du fait de chasse. Mais il est logique qu'il n'en soit pas ainsi quand, pendant une chasse autorisée à une espèce de gibier, des chiens font change, chassent et forcent une autre espèce de gibier. (Trib. Vitry-le-François, 4 mai 1867.)

Nous avons vu que le fermier, à moins de clause spéciale insérée dans le bail, n'a pas le droit de chasser sur le fonds qu'il loue : dans ce cas, les chasseurs qu'il inviterait commettraient un délit. De même, s'il est stipulé dans un bail de chasse que les invités ne peuvent chasser qu'avec le fermier, ils commettent un délit en chassant après le départ du fermier ou en se livrant à une autre chasse que la chasse générale. (Crim., cass., 18 juillet 1867.)

CHAPITRE II

DE L'EXERCICE DU DROIT DE CHASSE

L'article 1er de la loi de 1844 pose les bases de l'exercice du droit de chasse. Nul ne peut chasser : 1° s'il n'est muni d'un permis de chasse ; 2° si la chasse n'est pas ouverte ; 3° s'il n'a pas le consentement du propriétaire du fonds sur lequel il veut chasser. Ces trois conditions sont essentielles, nous allons les étudier dans des paragraphes spéciaux.

Dans d'autres paragraphes nous parlerons de la chasse dans les enclos et des chasses spéciales qui peuvent être réglementées par les préfets.

§ 1er. De l'ouverture de la chasse.

Le double intérêt de la conservation des récoltes et du gibier a toujours exigé et obtenu que la chasse fût interdite pendant un certain temps de l'année : c'est le moment de la reproduction du gibier, c'est celui où la terre est couverte de ses produits.

D'après l'article 1er de la loi de 1844, nul ne peut chasser si la chasse n'est pas ouverte ; l'interdiction est générale, elle s'applique à tous et à tous les genres de chasse.

Il est évident que, suivant le climat, l'année, les cultures, le moment de l'ouverture où de la clôture de la chasse doit être avancé ou retardé. Aussi c'est dans ce but que le législateur a laissé l'autorité départementale compétente en cette matière.

Les préfets détermineront par des arrêtés publics au moins 10 jours à l'avance l'époque de l'ouverture et celle de la clôture des chasses soit à tir, soit à courre, à cor et à cri dans chaque département. (Loi du 25 janvier 1874.)

Le préfet seul est donc investi des pouvoirs d'ouvrir et de clôturer la chasse dans son département. La jurisprudence lui reconnaît même le droit d'indiquer l'heure de l'ouverture. (Amiens, 11 octobre 1875. Trib. Corbeil, 10 novembre 1876.)

Il ne peut déléguer ses pouvoirs à un sous-préfet ou à un maire.

Ces dispositions ont donné lieu à bien des ennuis à cause de la question de colportage, car nous verrons que là où la chasse est fermée, le colportage est défendu.

Pour obvier à cet inconvénient, le ministre de l'intérieur avait décidé que l'ouverture de la chasse se ferait à une date uniforme dans les départements, qui présentent des analogies de culture et de climat ; à cet effet, les départements ont été classés en trois groupes ou zones, soumis chacun à une époque différente d'ouverture. (Circulaire du 4 juillet 1863.) (a)

Actuellement cette circulaire n'est plus exécutée, on est revenu à l'application de la loi de 1844. Les préfets doivent s'entourer des renseignements les plus propres à les éclairer sur l'époque à choisir pour l'ouverture et la clôture de la chasse. Ils doivent à cet égard prendre l'avis des sous-préfets et consulter surtout l'intérêt de l'agriculture et l'état des récoltes, mais sans perdre de vue qu'il peut y avoir des inconvénients à ouvrir la chasse plus tard qu'il n'est nécessaire. (Circulaire ministre de l'intérieur, 20 mai 1844.)

De la discussion de la loi, il ressort clairement que les préfets peuvent, si la différence du sol et la température l'exigent, déclarer l'ouverture à des époques différentes dans les divers arrondissements de leurs départements et même dans certaines communes : par exemple, un arrêté ne saurait réglementer la chasse soit par nature de récoltes, soit par nature de culture. (Lettre ministre de l'intérieur, 9 octobre 1844.) Tels sont les droits qu'ils tiennent de la loi et dont ils doivent user avec grande réserve.

Sur ce point, la Cour de cassation n'a eu à se prononcer qu'une seule fois, ce sont les cours qui ont traité le plus souvent cette question ; sur l'avis du ministre de la justice, quelques-unes ont jugé que le préfet ne pouvait interdire la chasse dans certaines cultures et principalement dans les vignes encore chargées de leurs fruits. (Poitiers, 16 novembre 1844 ; crim., rej. 18 juillet 1845 ; Orléans, 10 mars 1846.) D'autres, au contraire, lui ont reconnu ce droit d'interdiction. (Orléans, 22 octobre 1844 ; Paris, 9 janvier 1846.)

Le préfet n'a pas le droit de maintenir la prohibition de chasser sur des terrains couverts de leurs récoltes. Un arrêté contenant une pareille disposition ne serait pas obligatoire pour les tribunaux ; la question a été jugée à propos de l'application des peines ; si le chasseur a le consentement du propriétaire, il ne doit pas être poursuivi, sinon, il a contrevenu à l'article 11 et non à l'article 12 de la loi. (Poitiers, 16 novembre 1844 ; cass., rej., 18 juillet 1845 ; contra., 22 octobre 1844, Orléans.)

On s'est demandé bien souvent si les maires n'avaient pas le droit, dans certains cas spéciaux, de restreindre indirectement l'exercice du droit de chasse réglé par le préfet.

D'après la loi du 14 décembre 1789 (art. 50), les maires ont le droit de faire des règlements propres à faire jouir les habitants d'une bonne police ; la loi du 28 septembre-6 octobre 1791 (t. II, art. 9) les charge de veiller à la tranquillité, à la salubrité et à la sûreté des campagnes et leur donne le droit de faire des règlements de police sur ces objets.

Or, rien ne s'oppose à ce que, en vertu des pouvoirs qui lui sont conférés par ces lois, un maire prenne un arrêté pour défendre la chasse dans les vignes de la commune et à une certaine distance, jusqu'à la fin du ban des vendanges et du grapillage. (Crim., cass., 27 novembre 1823; *id.*, 3 mai 1834 ; *id.*, 4 septembre 1847; *id.*, 15 janvier 1857.) En vertu des mêmes lois, ils peuvent défendre la divagation des chiens dans les récoltes (Crim. rej. 16 décembre 1826) ; la chasse dans les maisons et rues des villages (12 juillet 1855, Crim., cass.) et sur certains points des territoires, pour la sécurité des campagnes. (6 février 1858, Crim., cass. ; 2 juillet 1858, Chambres réunies.)

Mais on ne doit lui reconnaître en aucune façon le droit d'interdire en tout temps la chasse dans les vignes ; la loi lui permet de veiller à la sécurité des campagnes, mais ne lui donne en aucune façon le droit de réglementer la chasse sur sa commune. Un pareil arrêté serait une violation trop manifeste des droits qui naissent ou de la qualité de propriétaire ou des dispositions de l'arrêté préfectoral qui ouvre la chasse dans le département.

Les préfets, d'après la loi, ont le libre exercice de ce droit ; cependant le ministre les a engagés à prendre l'avis du conseil général quand ils seraient dans l'intention de fermer la chasse à courre après la chasse à tir. (30 janvier 1874, circulaire.)

L'arrêté d'ouverture et de clôture signé du préfet doit être publié dix jours à l'avance ; ce délai de dix jours doit être franc. Il a été jugé que ce délai de dix jours n'était cependant pas nécessaire pour un arrêté postérieur changeant la date d'ouverture. (14 décembre 1860, Crim. rej.)

La publication de l'arrêté se fait par l'insertion au *Bulletin des actes administratifs*, l'affichage et la proclamation dans les communes : ces formalités sont absolument nécessaires ; ainsi il n'y aurait pas de délit si on chassait au jour indiqué par un premier arrêté, quand bien même un autre arrêté qui changerait la date d'ouverture aurait été signé ce jour-là, mais non publié. (4 janvier 1849, crim. rej.)

§ 2. Du permis de chasse.

Il ne suffit pas que la chasse soit ouverte pour pouvoir chasser, *il faut que vous soyez porteur d'un permis de chasse* (art. 1er).

Cette disposition est une des innovations introduites dans notre législation par la loi de 1844. Autrefois, l'autorité délivrait des permis de port d'armes de chasse, ce qui pouvait faire croire, jusqu'à un certain point, que l'on pouvait chasser sans autorisation, autrement qu'avec une arme de chasse. C'est pour éviter toute équivoque que dans la loi on a employé les mots : permis de chasse qui, dans leur généralité, embrassent toute espèce de chasse, soit à tir, soit à courre, soit même la chasse des oiseaux de passage. (Circulaire de M. le ministre de l'intérieur, 20 mai 1844.)

C'est conformément à ce principe qu'il a été jugé qu'il fallait un permis de chasse :

Pour chasser même sans arme (10 avril 1845, Rouen);

Pour tirer des petits oiseaux dans un lieu public et non clos (24 septembre 1847, Crim., cass.) ;

Pour prendre des petits oiseaux à la glu (17 septembre 1845, Angers) ;

Pour aller à la chasse aux oiseaux de passage, aux allouettes, par exemple (18 avril 1845, Crim., cass.), quand bien même il serait prouvé qu'à la préfecture on aurait dit que cela n'était pas nécessaire (28 février et 21 mars 1850, Bordeaux) ;

Pour organiser une chasse et en diriger tous les moyens (8 janvier 1846, Toulouse) ;

Pour entretenir une tendue et en faire la tournée, quand bien même le propriétaire des engins et des bois en aurait un et viendrait de temps en temps à sa tendue (25 novembre 1844, Nancy) ;

Pour faire le traqueur dans une chasse où l'auxiliaire n'est pas utile, par exemple, dans la chasse au lapin (10 décembre 1846, Rouen).

Cette disposition est bien expresse : quiconque veut chasser doit avoir un permis ; le préfet ne peut dispenser personne de cette règle générale (18 avril 1845, Crim., cass).

La demande doit en être faite sur papier timbré (feuille de 0 fr. 60 c.) et être adressée au maire du lieu où l'on a sa résidence ou son domicile (1). La loi veut seulement ici que le maire connaisse l'auteur de la demande qui lui est adressée (art. 5, § 5) (2).

A la demande doit être jointe une quittance du percepteur constatant que le pétitionnaire a versé entre ses mains la somme de vingt-cinq francs, prix du permis de chasse fixé par la loi du 20 décembre 1872 : 15 francs pour l'État et 10 francs pour la commune (3). La commune touche ces 10 francs sur le vu d'un état dressé à la préfecture, constatant que le permis a été délivré pour telle commune. En général, ce sont les avis délivrés par les maires qui guident pour ce travail.

Le maire doit viser la demande, mais pas d'une manière vague; il doit : 1° si son avis est favorable, déclarer qu'il n'est pas à sa connaissance que l'impétrant se trouve dans aucune des catégories pour lesquelles le permis ne pourrait être délivré, et 2° si son avis est défavorable, exprimer que l'impétrant est dans telle ou telle position qui fait obstacle à la délivrance du permis.

Après quoi la demande est transmise au sous-préfet de l'arrondissement ou au préfet, s'il s'agit de l'arrondissement chef-lieu; autrefois, toutes les demandes étaient transmises au préfet qui seul avait le droit de délivrer des permis.

Le décret de décentralisation du 13 avril 1861 a autorisé les sous-préfets à délivrer les permis de chasse dans leur arrondissement.

---

(1) Par résidence il faut entendre un établissement assez notable et ayant duré assez longtemps pour que l'on puisse être connu dans le pays. (Trib. Besançon, 10 juillet 1877.)

(2) Circulaire min. intérieur, 5 septembre 1849.

(3) Avec les décimes établis par la loi du 23 août 1871, art. 2, cela monte à 28 francs.

L'autorité compétente, saisie de la demande de permis de chasse, peut, dans certains cas, en refuser la délivrance, comme dans d'autres elle doit la permettre.

L'avis du maire ne lie en rien l'autorité qui est chargée de délivrer le permis, comme de même l'avis d'un préfet ne peut lier en rien son collègue d'un autre département ; de sorte que, dans certains des cas que nous allons examiner, un préfet pourrait refuser la délivrance du permis et un autre la permettre.

D'après l'article 6 :

Le préfet peut refuser le permis de chasse :

1° A tout individu majeur qui n'est point personnellement inscrit ou dont le père ou la mère ne sont point inscrits au rôle des contributions;

2° A tout individu qui, par une condamnation judiciaire, a été privé de l'un ou de plusieurs des droits énumérés dans l'article 42 du Code pénal, autres que le droit de port d'armes (1).

Il a été jugé qu'un préfet avait le droit de refuser un permis à un homme condamné à plus d'un mois de prison pour outrages envers un maire dans l'exercice de ses fonctions, quand bien même le jugement ne s'étendrait pas sur l'article 42 du Code pénal. (Conseil d'État, 13 mars 1867.)

---

(1) Les tribunaux jugeant correctionnellement pourront, dans certains cas, interdire, en toute ou partie, l'exercice des droits civiques, civils et de famille suivants : 1° De vote et d'élection; 2° d'éligibilité; 3° d'être appelé ou nommé aux fonctions de juré ou autres fonctions publiques, ou aux emplois de l'administration, ou d'exercer ces fonctions ou emplois ; 4° du port d'armes, ; 5° de vote et de suffrage dans les délibérations de famille, p. 34, 4°; 6° d'être tuteur, curateur, si ce n'est de ses enfants et sur l'avis seulement de la famille ; 7° d'être expert ou employé comme témoin dans les actes ; 8° de témoignage en justice autrement que pour y faire de simples déclarations. (Code pénal, art. 42.)

Rien dans la loi ne l'autoriserait à le refuser à une femme ou à un prêtre, quoique le droit canonique leur défende cet exercice. (Canon 15, 4e concile de Latran.)

3° A tout condamné à un emprisonnement de plus de 6 mois pour rébellion ou violence envers les agents de la force publique.

4° A tout condamné pour délit d'association illicite, de fabrication, débit, distribution de poudre, armes et autres munitions de guerre ; de menaces écrites, ou menaces verbales, avec ordre ou sans condition ; d'entraves à la circulation des grains ; de dévastations d'arbres et de récoltes sur pied, de plants venus naturellement ou faits de main d'homme.

5° A ceux qui auront été condamnés pour vagabondage, mendicité, vol, escroquerie, ou abus de confiance.

La faculté de refuser le permis de chasse aux condamnés dont il est question dans les paragraphes 3, 4 et 5, cessera cinq ans après l'expiration de la peine.

De ce que la loi autorise le préfet à refuser le permis de chasse à tous ceux qui se trouvent dans les conditions que nous venons d'énumérer, il ne s'en suit pas que chaque demande doive être accompagnée de pièces constatant que l'on ne se trouve pas dans un de ces cas.

C'est au maire d'abord de l'indiquer dans son avis ; et ensuite au préfet à se renseigner s'il a des doutes. Dans ce cas, il peut demander la production de toutes pièces justificatives.

L'obtention du permis de chasse est pour tous les citoyens de droit commun ; des exceptions sont faites à ce droit dans un intérêt public ; c'est donc à l'autorité qui veut appliquer l'exception à prouver le cas exceptionnel.

La loi laisse sur ce point aux préfets toute liberté d'appréciation, aussi M. le ministre leur recommande-t-il d'agir avec beaucoup de prudence et de s'entourer de renseignements très circonstanciés avant de prendre une décision (1).

Le permis de chasse ne sera pas délivré :

1° Aux mineurs qui n'auront pas seize ans accomplis.

2° Aux mineurs de seize à vingt et un ans, à moins que le permis ne soit demandé pour eux, par leur père, mère, tuteur ou curateur, porté au rôle des contributions.

Le permis de chasse entraînant le droit de porter une arme, la loi a refusé ce droit aux enfants de moins de seize ans, à cause des dangers qu'il peut y avoir d'armer des personnes qui n'ont pas encore un discernement suffisant.

De seize ans à vingt et un ans, la demande doit être faite par le père, ou tuteur, ou curateur.

Encore là se présente le même cas que précédemment. Faut-il justifier de ses seize ans? non. C'est au préfet à se faire présenter un extrait de l'acte de naissance, s'il a des doutes sur l'âge de l'impétrant.

3° Aux interdits.

Cette défense est naturelle, seulement on ne peut comprendre sous cette rubrique les personnes pourvues d'un conseil judiciaire ni les fous. Pour ces derniers, le préfet

---

(1) Circulaire min., 20 mai 1844.

a la seule ressource de les faire enfermer dans un établissement. (Loi 30 juin 1838, art. 18.)

4° Aux gardes champêtres ou forestiers des communes
et établissements publics, ainsi qu'aux gardes forestiers
de l'État et aux gardes-pêche.

Il est de toute convenance de refuser les permis de
chasse aux agents de la police rurale, qui auraient trop
souvent la tentation, soit d'en abuser, à cause de la faci-
lité même qu'ils auraient à faire chasse fructueuse, soit de
chercher querelle aux citoyens qui, porteurs aussi de
permis, opposeraient une fâcheuse concurrence à la
recherche du gibier.

Cette disposition de la loi ne s'applique pas aux gardes
particuliers, cela a été dit formellement lors de la discussion de la loi (1).

---

(1) *Compte rendu* in extenso *de la Chambre des députés :*

« La disposition qui nous occupe, a dit M. Barillon, ne s'applique pas, bien entendu, aux gardes des particuliers, puisque la
chasse ne leur est pas interdite par la loi et qu'ils ne relèvent à
cet égard que du propriétaire dont ils sont les agents directs.
Sous la législation actuelle, sous l'empire de la loi de 1790 et du
décret de 1812, l'administration n'a pas de règles parfaitement
uniformes sur la nécessité du permis de port d'armes pour les
gardes des particuliers. Dans quelques départements, on exige
qu'ils en soient munis ; dans d'autres, on ne l'exige pas. C'est
donc un impôt levé sur le propriétaire dans certains cas ; dans
certains autres, c'est une remise que rien ne justifie. Il faut cependant que les gardes particuliers, comme les gardes de l'État
et des établissements publics soient armés : ils doivent détruire
les animaux nuisibles ou malfaisants ; ils sont constamment en
face des malfaiteurs ; ils peuvent avoir besoin de recourir à leurs
armes pour leur défense personnelle, et vous n'avez pas voulu les
priver du droit de porter une arme avec eux. C'est sur ce point
que je réclame une explication, et je demande, en outre, si, sous
la législation nouvelle, les gardes des particuliers seront tenus de
se munir de permis de chasse, ou s'ils en seront dispensés. Il est
important que les propriétaires sachent s'il y a obligation pour
eux de pourvoir leurs gardes du permis de chasse, et je prie
M. le garde des sceaux de vouloir bien m'éclairer à cet égard. »
— Le garde des sceaux a répondu : « Il est évident que s'ils

Il a été jugé que le permis délivré indûment ou non et légalement à un garde champêtre est nul (20 nov. 1844, Rouen; 19 fév. 1862, Angers; Crim., cass., 28 janv. 1858.) La loi défend de leur délivrer un permis ; un acte administratif ne peut infirmer les dispositions de la loi ; — et cependant dans le cas qui nous occupe la Cour de cassation, sans s'occuper de la question de la validité du permis, a déclaré qu'il n'y avait pas, dans ce cas, chasse sans permis.

Le permis ne sera pas accordé :

1° A ceux qui, par suite de condamnations, sont privés du droit de port d'armes.

Bien entendu, cette prescription n'est valable que pendant le temps de la durée de la condamnation.

2° A ceux qui n'auront pas exécuté les condamnations prononcées contre eux pour l'un des délits prévus par la présente loi.

3° A tout condamné placé sous la surveillance de la haute police.

Dans tous les cas où il y a une preuve à faire, c'est au préfet qu'il appartient de se la procurer. C'est pourquoi, si un des individus compris dans les cas que nous venons d'énumérer, a pu par surprise obtenir un permis de chasse, ce permis est valable jusqu'au moment où il lui sera retiré ; droit que nous ne devons pas contester au préfet. (Civ., rej. 30 mai 1873.)

doivent chasser, ils devront prendre un permis de chasse ; s'ils ne doivent pas chasser, ils n'auront pas besoin de permis de chasse. Mais, d'un autre côté, ils auront le droit de porter leurs armes. » — « C'est cette explication que je désirais obtenir de M. le garde des sceaux, a repris M. Barillon : il est convenu que les gardes conserveront leurs armes ; et quant au permis de chasse, il ne sera requis que pour les faits de chasse proprement dits. »

Inutile d'ajouter que la privation du droit d'obtenir un permis de chasse entraîne la privation du droit de chasse. (Amiens, 21 mai 1874.)

Le permis de chasse est personnel (art. 5, p. 3) ; cependant quand le genre de chasse que vous faites exige des manœuvres, on peut se faire aider par eux. C'est ce qui arrive principalement dans les tendues, le propriétaire peut se faire accompagner par des personnes qui l'aident à tendre. (7 novemb. 1844, Nancy ; — 11 déc. 1844, Nancy ; — 8 mars 1845, Crim., cass., — 3 février 1847, Agen.) Les traqueurs sont considérés comme manœuvres quand il s'agit de la chasse en traque. (11 déc. 1844, Nancy ; — 24 déc. 1844, Dijon ; — 26 avril 1845, Paris ; Crim., cass., 29 nov. 1845 ; — Dijon, 27 déc. 1876, Angers ; — 12 février 1878.)

Mais dans aucun cas, le propriétaire du permis ne peut le prêter à quelqu'un qu'il envoie chasser à sa place (20 déc. 1865, Bordeaux.)

Le permis de chasse est valable du jour de sa signature ; — ainsi il est jugé que l'on peut chasser le jour même de la signature d'un permis, quand bien même on ne l'aurait pas ; il suffit qu'il soit prouvé qu'il était signé au moment où le délit a été commis. (18 déc. 1845, Rouen ; — 7 janv. 1868, Caen ; — 17 nov. 1868, Nancy ; — 17 nov. 1869, Caen ; — 8 mai 1845, Caen ; — 12 oct. 1846, Montpellier.)

Le permis est valable pendant une année sur toute l'étendue du territoire français (art. 5, p. 3). Le jour de la délivrance n'est pas compté dans le délai d'une année ; par conséquent, le jour entier correspondant de l'année suivante, doit être compris dans le délai d'un an. (Paris,

12 oct. 1876 ; — Trib., Confolens, 30 sept. 1875 ; — 22 mars 1850, Crim., rej. ; — 14 oct. 1851, Orléans ; – 16 janvier 1856, Aix ; — 15 déc. 1859, Pau ; — 21 janv. 1864, Toulouse ; — 1ᵉʳ déc. 1864, Nîmes ; — 24 janv. 1865, Montpellier.)

L'année court du jour où le permis est daté et non du jour de l'acquit des droits chez le percepteur (4 mars 1848, Crim., rej. ; — 10 fév. 1848, Grenoble), ou du jour de sa réception, quand bien même elle aurait eu lieu longtemps après. (24 sept. 1847, Crim., cass. ; — 7 juill. 1849, Crim., cass. ; — 8 janvier 1849, Angers ; — 8 déc. 1849, Limoges.)

Le permis de chasse vous donnant le droit de chasser sur vos propriétés et sur celles d'autrui avec son consentement pendant le temps où la chasse est ouverte, on comprend facilement que vous devez l'exhiber à toute réquisition de l'autorité, si vous voulez éviter un procès. Dans toutes les formules de permis de chasse, on lit ces mots : le porteur devra justifier du présent permis de chasse à toute réquisition des autorités et agents désignés par la loi ; certains préfets ont reproduit cette disposition dans leurs arrêtés d'ouverture ; malgré cela, nous pensons avec la Cour de cassation que le refus par un chasseur d'exhiber son permis ne constitue pas une infraction punissable. (15 déc. 1855, Crim., rej.) (1)

---

(1) La Cour ; — attendu que la loi du 3 mai 1844 établit les règles relatives à l'exercice de la chasse ; qu'elle énonce les infractions et les peines qui doivent y être attachées ; — attendu que le refus d'exhiber le permis de chasse à l'agent de l'autorité qui le réclame, n'est pas compris au nombre des délits prévus par ladite loi, que la conséquence de ce refus peut être une citation en police correctionnelle, et que le fait du chasseur récalcitrant se trouve ainsi légalement réprimé ; — attendu que si, en vertu du

La loi de 1844 énumère les délits prévus en matière de chasse ; celui-là n'y est pas. — Si l'autorité administrative assure l'exécution des lois par des arrêtés et règlements (C. P., art. 471, p. 15), elle ne peut en aucune manière ajouter à leur texte et trouver matière à contravention dans un fait qui n'est pas compris dans leurs prévisions.

Rien ne peut remplacer le permis de chasse, ni la quittance du percepteur prouvant que l'on a versé les droits au Trésor (circulaires ministérielles du 18 juill. 1844 ; — 30 juill. 1849 ; — 1er fév. 1860), ni l'avis reçu que votre permis est délivré. (Circulaire ministérielle 10 déc. 1844.)

Mais alors, dans quelle situation se trouve, vis-à-vis de la loi, le chasseur qui a perdu son permis de chasse. Peut-il s'adresser au préfet, et recevoir de lui une pièce qui le remplacera ?

Il est admis, en principe, que les pièces adirées qui peuvent servir à d'autres personnes et dont la perte est de nature à préjudicier, soit au Trésor, soit à un intérêt d'ordre public, ne peuvent être remplacées que par des pièces semblables. C'est pour cette raison que le préfet

§ 15 de l'article 471 du Code pénal, l'autorité administrative assure l'exécution des lois par des arrêtés et règlements, elle ne peut, en aucune manière, ajouter à leur texte et trouver matière à contravention dans un fait qui n'est pas compris dans leurs prévisions ; — attendu que la loi de 1844 réserve certains cas qu'il appartient aux préfets de régler et que ces exceptions sont étrangères à ce qui regarde le permis de chasse ; — attendu que, dans l'espèce, il n'apparaît pas qu'il ait été dans la pensée de l'arrêté, de convertir en contravention le refus d'exhiber ce permis, et que l'injonction énoncée dans l'article 2 n'a d'autre but que la fidèle exécution de la loi ; — attendu qu'en relaxant le sieur X...., prévenu de contravention pour avoir refusé d'exhiber son permis de chasse, le jugement attaqué n'a violé aucune loi, et s'est, au contraire, conformé au texte comme à l'esprit de la loi du 3 mai 1844.

ne peut délivrer, ni un certificat, ni un duplicata de permis de chasse.

Il ne pourrait délivrer un autre permis que dans le cas où il serait prouvé que le premier ne serait pas arrivé à sa destination et après avoir pris toutes les précautions nécessaires pour que personne ne pût s'attribuer le permis perdu. (Circulaire ministre intérieur, 22 juill. 1851.)

§ 3. Du consentement du propriétaire.

Le propriétaire peut avec un permis de chasse, et alors que la chasse est ouverte, chasser sur ses terres (art. 8, § 1er), mais nul ne peut chasser sur la propriété d'autrui sans le consentement du propriétaire ou de ses ayants droit (art. 1er, § 2) :

Par ayant droit, il faut entendre l'administrateur des biens d'un incapable, le tuteur d'un mineur, le curateur, le mari quand il s'agit des biens de la femme non séparée, les administrateurs des biens de l'État, des communes, des hospices et établissements de bienfaisance.

Cette prescription est de droit strict, aussi il a été jugé qu'il y avait délit par suite de la non exécution de l'article 1er :

Quand on est surpris se livrant même en dehors du terrain d'autrui à la recherche et à la poursuite d'un gibier qui y est entré. (18 mars 1853, Crim., cass.)

Quand vos chiens entrent sur la propriété d'autrui à la suite d'une pièce de gibier; qu'à votre su il y quêtent et recherchent ce gibier (7 septembre 1872, Crim., cass.); quand il est prouvé que vous les entendez chasser depuis quelque temps et que vous ne faites rien pour les rompre. (Crim., cass., 26 juillet 1878 ; 26 janvier 1850,

Caen ; 21 janvier 1874, Dijon.) Car vous ne pouvez attendre sur votre propriété avec l'espoir que vos chiens finiront par vous ramener les pièces de gibier qu'ils chassent (15 décembre 1866, Crim., cass., 21 janvier 1874, Dijon) ; le délit serait bien plus flagrant si votre piqueur suivait la chasse, et, au lieu de la rompre, soutenait les chiens à son de trompe. (28 janvier 1875, Crim., cass.)

Quand vous tirez sur la propriété d'autrui une pièce de gibier levée sur la vôtre. (Crim., rej., 11 avril 1840.)

L'espace aérien situé au-dessus d'un fonds n'est pas la propriété exclusive du propriétaire de ce fonds. (Code civil, art. 552 et 672.) En conséquence, il a été décidé que le délit de chasse sur le terrain d'autrui sans le consentement du propriétaire n'était pas commis par le chasseur qui fait lever sur son fonds une pièce de gibier (un faisan dans l'espèce) et qui la tire au moment où, ayant pris son vol, elle se trouve au-dessus de la propriété d'autrui. (Trib. Douai, 13 décembre 1879.)

Quand vous guêtez du gibier avec limier sur la propriété d'autrui. (Crim., cass., 4 janvier 1878.)

Quand vous vous tenez sur la lisière d'un bois en attitude de chasse, et que vous excitez un chien à chasser dans ce bois quand bien même le chien ne vous appartiendrait pas. (16 février 1870, Paris.)

Quand vous achevez sur la propriété d'autrui un gibier que vous avez déjà blessé en dehors (22 août 1868, Crim., cass.), même quand il s'agit d'un sanglier blessé à mort et qui éventre vos chiens. (22 août 1868, Crim., cass.) Il a été cependant jugé que l'animal mortellement blessé et qui est presque en votre possession vous appartient et que l'on ne saurait vous le prendre. (Justice de paix, Bulgneville, 28 mars 1860.) Mais le propriétaire du fonds sur lequel se trouve la chasse peut, quand même la bête serait légèrement blessée, tirer et tuer devant vos chiens, car le gibier appartient à celui sur le sol duquel il se trouve. (27 avril 1862, Req.)

Quand, suivant un chemin, vous envoyez un gamin ou un chien traquer les champs autour de votre passage. (27 janvier 1873, Angers.)

Mais ce serait pousser cette prescription de la loi trop loin en prétendant qu'il y a délit.

Quand, après avoir touché mortellement un gibier, votre chien ou vous, allez le prendre sur le terrain d'autrui (2 décembre 1854, Paris) ; à bien plus forte raison si la pièce de gibier est morte. (28 août 1868, Crim., cass.)

Quand vous attendez vos chiens qui, après avoir levé un animal chez vous, ne font que traverser la propriété d'autrui (10 juin 1861, Crim., cass. ; 1878, Orléans), et dans ce cas le piqueur qui suivrait la chasse pour reprendre les chiens s'il le pouvait et séjournerait ainsi sur autrui, ne commettrait aucun délit. (30 novembre 1860, Crim., cass.)

Quand vos chiens poursuivent sur le terrain d'autrui et y prennent une bête que vous avez blessé sur votre propriété. (23 juillet 1869, Crim., rej.)

Ainsi donc, quand on veut chasser sur la propriété d'autrui, il faut prouver que l'on a l'autorisation de le faire. Cette preuve peut être faite n'importe quand, même à l'audience et alors elle a pour effet d'arrêter toute poursuite. (3 mars 1854, Crim., cass. ; 16 novembre 1844, Poitiers ; 25 novembre 1844, Douai ; 6 mars 1846, Crim., cass.)

Cette permission est personnelle, ainsi les héritiers d'une

personne ne pourraient en jouir. (15 janvier 1873, Dijon.)
Elle doit être donnée par tous les copropriétaires d'un
terrain indivis. (Crim., cass., 19 juin 1875.) De même
il a été jugé que quand un propriétaire s'était réservé
pour lui seul la chasse d'une ferme dans le bail de
location ; il ne pouvait emmener des amis avec lui.
(23 mars 1866; Rouen.)

Quand cette autorisation de chasse résulte d'un bail de
chasse, d'une adjudication, le contrat fait la loi des parties. Mais s'il n'y a pas de convention spéciale, comme
l'adjudication du droit de chasse constitue un droit personnel, l'adjudicataire ne peut autoriser personne à
chasser; la bonne foi dans ce cas n'empêcherait pas le
délit. (14 juillet 1848, Crim., cass., 16 juin 1848, Id.,
18 août 1849, Id.)

S'il s'agit de bois communaux, l'autorisation de chasse
doit être donnée en la forme administrative (4 mai 1855,
Crim., cass. ; 5 avril 1856, Crim., cass.) ; une simple
autorisation émanant du maire n'a aucune valeur (5 février 1848, Crim., cass.)

Il peut affermer ce droit (arrêté du 25 prairial, an XIII)
mais à la charge de faire approuver la mise en ferme par
le préfet du département et le ministre.

La traque étant un mode de chasse, il a été jugé
qu'elle ne pouvait avoir lieu sans une autorisation expresse du propriétaire; il y aurait alors délit si, tout en ne
passant pas dans la propriété, on attendait le gibier au
sortir ou si le traqueur faisait ce qu'il est nécessaire
pour faire lever le gibier qui peut s'y trouver. (15 décembre 1870, Crim., cass. ; 16 janvier 1872, Chambres
réunies, cass.)

§ 4. Chasse dans les enclos.

Nous venons, dans les trois paragraphes qui précèdent, d'étudier le principe général de la chasse.

Pour chasser il faut : 1° que la chasse soit ouverte, 2° être porteur d'un permis de chasse, 3° avoir le consentement du propriétaire.

L'article 2 de la loi fait une exception à ce principe : Le propriétaire ou possesseur peut chasser ou faire chasser en tout temps, sans permis de chasse, dans ses possessions attenant à une habitation et entourées d'une clôture continue faisant obstacle à toute communication avec les héritages voisins.

Ainsi on peut chasser en tout temps, même la nuit, et sans permis de chasse, dans sa propriété si elle est attenante à une habitation et entourée d'une clôture continue, empêchant toute communication avec les propriétés voisines.

Cette disposition restreint un des droits accordés par la loi de 1790 au propriétaire. Il pouvait alors chasser dans ses propriétés en tout temps si elles étaient closes. La loi de 1844, prévoyant les graves abus que cela pouvait engendrer, exige que la propriété tienne à une habitation.

Le législateur n'a pas voulu créer un privilège, il a voulu seulement maintenir le respect du domicile en ne permettant pas aux agents chargés de ce soin de venir dresser des procès-verbaux contre le propriétaire qui aurait chassé dans son enclos, son verger, son jardin (1).

_____

(1) Les gendarmes ne peuvent s'introduire dans une propriété Dijon, 4 avril 18 66), à moins qu'il n'y ait, dans la clôture, des

D'après la discussion de la loi, il est prouvé que le mot possesseur doit être pris dans sa signification a plus étendue, et que l'exception introduite par l'article 2, l'est aussi bien en faveur du fermier, de l'usufruitier, de l'emphytéote et de tous ceux qui représentent à un titre quelconque le propriétaire, qu'en faveur de ce dernier (1).

Tout propriétaire ou possesseur peut chasser ou faire chasser ; à plus forte raison, il peut louer ce droit de chasse.

Les principales discussions, soulevées par l'application de cet article, ont toujours porté sur les deux conditions requises : l'habitation et la clôture.

Que faut-il entendre par habitation ? — Lors de la discussion de la loi, un membre de la Chambre a dit avec raison : la raison principale qui a déterminé l'acceptation de cet article, c'est le respect, l'inviolabilité du domicile. Or, qu'est-ce que le domicile ? Est-ce seulement la portion de bâtiment affecté à l'usage personnel de l'individu ? Non : c'est d'abord l'ensemble des bâtiments ; c'est ensuite la portion de l'héritage qui est close d'une manière continue et totalement dépendante de l'habitation qui se confond avec elle et qui jouit des

---

brèches pouvant donner facilement passage à un homme. (Nîmes, 28 mars 1867.) Cependant le procès-verbal, relevant une contravention commise dans un terrain clos, est valable si cette contravention a pu être constatée de l'extérieur, et indépendamment de toute introduction dans l'enclos (Montpellier, 28 janvier 1867 ; Limoges, 5 mars 1857 ; Trib. corr. de Lyon, 16 décembre 1858) ; le procès-verbal perdrait toute validité si la contravention n'avait pu être constatée qu'en ayant recours à un moyen indiscret pour voir dans l'enclos. (Aix, 4 novembre 1867.)

(1) Voir discussion. Dalloz, *Répertoire de législation*, chasse, section 4, art. 1, n° 80.

mêmes garanties. Le mot habitation figure dans nos lois, et c'est aux tribunaux à décider s'il y a ou non véritable habitation.

Le mot habitation est surtout défini dans notre législation pas l'article 390 du Code pénal. D'après cet article, doit être réputée maison habitée, tout bâtiment, logement, loge, cabane, même mobile, qui, sans être actuellement habité, est destiné à l'habitation et tout ce qui en dépend, comme cours, basses-cours, granges, écuries, édifices qui y sont enfermés, quel qu'en soit l'usage et quand même ils auraient une clôture particulière dans la clôture ou enceinte générale. Cette définition est beaucoup trop large et ne saurait servir dans le cas qui nous occupe.

Les tribunaux ont donc à ce sujet, plein pouvoir d'appréciation.

Il a été jugé qu'une maison de garde (17 août 1863, Rennes), une maisonnette servant de poste d'observation de chasse, alors que le propriétaire ne l'habite qu'accidentellement sans sa famille, et seulement pendant le temps de la chasse (Trib., Carpentras, 27 décembre 1866), ne peuvent constituer l'habitation prévue par l'article 2 de la loi de 1844.

Ainsi donc il ne faut pas seulement que la construction puisse servir d'habitation, il faut qu'elle soit destinée à être habitée et mise en état à cet effet. (5 mai 1845, Crim., cass. ; 29 avril 1858, Crim., cass.; Trib., Carpentras, 27 décembre 1866.)

La loi veut ensuite que la propriété soit entourée d'une clôture qui rende impossible toute communication avec les héritages voisins.

Lors de la discussion, le mot clôture a fait l'objet de bien des discours à la Chambre. Qu'est-ce qui peut faire considérer un terrain comme clos ? Est-ce un mur, un fossé, une haie ? L'article 391 du Code pénal nous dit : est réputé parc ou enclos, tout terrain environné de fossés, de pieux, de claies, de planches, de haies vives ou sèches ou de murs de quelque espèce de matériaux que ce soit ; quelles que soient la hauteur, la profondeur, la vétusté, la dégradation de ces diverses clôtures, quand il n'y aurait pas de porte fermant à clef ou autrement ou quand la porte serait à claire-voie et ouverte habituellement.

A la simple lecture de cet article on comprend qu'il ne peut s'appliquer à notre espèce ; car la loi dit que la clôture doit empêcher toute communication avec les fonds voisins.

Certains députés voulaient que l'on qualifiât le genre de clôture. M. le garde des sceaux a combattu vivement cette opinion en se fondant sur ce que le genre de clôtures varie avec tous les pays ; la loi, a-t-il dit, veut seulement que cette clôture empêche toute communication avec les héritages voisins. Les expressions les plus fortes ont été choisies à dessein pour faire comprendre qu'il ne s'agit pas ici de ces clôtures incomplètes comme on en rencontre dans les campagnes.

Le juge a dans ce cas à trancher une question de fait pour laquelle il a juridiction souveraine. (Circulaire min. just., 9 mai 1844.)

Donc il faut que le domaine soit attaché à l'habitation de telle sorte que nul ne puisse y pénétrer du dehors, sans violer le domicile du maître ou possesseur. (17 août 1863, Rennes.)

Il a été jugé que le chemin de halage accessible à tous, empêche une propriété d'être close pour la chasse. (17 août 1863, Rennes.) Ce jugement peut étonner au premier abord, le chemin de halage étant une servitude spéciale et ne devant servir qu'aux personnes faisant le halage des bateaux; mais ce droit de chasse est un privilège si exorbitant de droit commun, que comme toutes les exceptions il est de droit étroit et doit se renfermer dans les limites tracées par la loi. Surtout dans le cas prévu par cet arrêt, où il y a deux propriétaires, que la personne habitant la maisonnette n'est qu'un garde et que l'on peut s'introduire dans la propriété sans pour cela commettre le délit de violation de domicile.

De même on ne pourrait considérer comme clôture suffisante :

Des pieux en bois reliés ensemble par des fils de fer. (24 novembre 1859, Rouen ; Aix, 26 février 1875.)

Une haie de roseaux que l'on peut enjamber par endroits ou écarter pour passer. (Trib. Carpentras, 27 décembre 1866.)

Il est généralement reconnu que les murs, les haies vives constituent des clôtures. — Le 9 novembre 1847, la cour de Caen a reconnu qu'un fossé variant de $1^m,20$ à 6 mètres devait être considéré comme clôture.

La loi exige encore que cette clôture soit continue ; ainsi, il a été jugé qu'il n'y avait pas clôture quand celle-ci était coupée par plusieurs brèches d'un accès facile (7 mars 1877, Caen ; 5 janvier 1876, Caen), même s'il s'agit d'un mur. (Nîmes, 28 mars 1867.) La cour de Rouen a décidé aussi que l'on ne pouvait considérer comme terrain clos, la cour d'une ferme, entourée de haies présentant des brèches par lesquelles on pouvait aisément passer. (25 février 1875.)

Quand on chasse dans un terrain clos, il faut non-seulement y lever le gibier, mais encore l'y tirer. (14 août 1847, Crim., cass.) Il a même été jugé qu'il y avait délit de chasse en allant ramasser, en dehors de l'enclos, un gibier mort qui y serait tombé, quand même vous l'auriez tiré dans les limites de la clôture. (11 juillet 1866, Paris.) (1)

On peut se demander si le propriétaire peut user dans son clos de tous les genres de chasse, même des engins défendus. — Il a été jugé que les propriétaires étaient soumis aux mêmes lois que les autres personnes et qu'ils ne pouvaient dans leur enclos user de filets dont l'usage est interdit. (7 mars 1868, Crim., cass., 1er mai 1868, Crim., rej.; — Trib. de Montbrison, 10 janvier 1876), — Trib. de Melun, 10 mars 1874. — Crim., cass. ; 26 avril 1845. — Limoges, 5 mars 1857, — 16 décembre 1858, Trib. corr. de Lyon; 16 juin 1866, Crim., cass. ; Aix, 2 mars 1876.)

Contre cette opinion, nous n'avons que trois arrêts de cour; ce principe est donc admis en général et passé dans la jurisprudence. — Comme conséquence de ce principe général il a été jugé que quand le préfet, par son arrêté d'ouverture, autorisait la chasse aux gluaux ou à la chan-

---

(1) Considérant que de l'instruction et des débats, et notamment de la déclaration du témoin Guichard, il résulte la preuve qu'en 1866, à Vulaines, les frères Dromery, à la suite d'un coup de fusil qui avait été tiré dans l'intérieur de leur clos, sont sortis dans la plaine avec des chiens et se sont mis à la recherche d'un perdreau, dont ils se sont emparés dans un champ situé en dehors de leur habitation et non clos; que ce fait ainsi constaté constitue un acte de chasse accompli en temps prohibé, délit prévu et puni par le § 1 de l'article 12 de la loi ci-devant visée du 3 mai 1844;

Par ces motifs, etc.

terelle, le propriétaire ne pouvait dans son enclos, dépasser le temps fixé par l'arrêté préfectoral pour ce genre de chasse. (17 mars 1875, Dijon.)

§ 5. Des chasses spéciales laissées à la réglementation du préfet.

Dans le temps où la chasse est ouverte, le permis donne à celui qui l'a obtenu, le droit de chasser de jour, soit à tir, soit à courre et à cor et à cri. (Art. 9 transformé par la loi du 25 janvier 1874.)

La loi disant que celui qui est muni d'un permis peut chasser de jour, il faut en conclure que la chasse de nuit est absolument défendue quelle que soit l'espèce de gibier qu'il s'agirait de prendre, par l'effet de cette seule disposition de l'article 9. (Circul. min. int., 20 mai 1844 ; discussion du projet de loi, séance du 16 mai 1843 ; Trib. Mortain, 13 mars 1878.) C'est pendant la nuit que le braconnage s'exerce de la manière la plus redoutable ; c'est alors qu'il prend souvent tous les caractères de l'attentat à la paix publique et qu'il met en péril la sûreté des personnes. C'est aux tribunaux qu'il est réservé d'apprécier, d'après les circonstances du fait, si ce fait a été commis ou non pendant la nuit; c'est ce qui se pratique chaque fois dans notre législation pénale, la nuit constitue une circonstance aggravante.

Il faut entendre par nuit, le temps qui s'écoule entre le coucher et le lever du soleil. (11 novembre 1846, Dijon). (1)

---

(1) La Cour ; — considérant qu'il résulte d'un procès-verbal régulier ressé par deux gardes forestiers que, le 30 août 1846, à quatre heures du matin, le sieur Eugène Calmelet fils a été surpris, armé d'un fusil double à piston, posté dans un champ de pommes de terre appartenant à autrui, et placé dans la posi-

Cet article nous dit encore : Tous autres moyens de chasse, à l'exception des furets et des bourses destinés à prendre le lapin, sont formellement prohibés. (Loi du 25 janvier 1874 modifiant l'art. 9 de loi de 1844.)

M. le ministre de l'intérieur dans sa circulaire du 20 mai 1844, affirme que cette prohibition générale s'adresse à l'emploi de panneaux et filets de toute espèce, appeaux, appelants, chanterelles, lacets, collets et autres engins, au moyen desquels, sous l'ancienne législation, la destruction du gibier s'opérait facilement.

A l'article 12, § 3, nous voyons encore punir d'amende les personnes qui sont détenteurs ou ceux qui sont trouvés munis ou porteurs hors de leur domicile de filets, engins et autres instruments de chasse prohibés.

---

tion d'un chasseur à l'affût ; — considérant que le 30 août, la chasse était ouverte, que le prévenu était nanti d'un permis de chasse, et que, dès lors, pour apprécier la criminalité du fait qui lui était imputé, il faut examiner si ce fait a eu lieu dans un cas où la poursuite d'office est autorisée ;

Considérant que le législateur, en autorisant la chasse pendant le jour seulement, a eu tout à la fois pour objet de rendre plus facile la constatation des délits de chasse, et surtout de prohiber d'une manière absolue divers genres de chasse qui s'exercent pendant la nuit d'une manière tout à fait distinctive pour le gibier, et notamment la chasse à l'affût, la plus pernicieuse de toutes, qui a lieu avant le lever ou après le coucher du soleil, et lorsque l'obscurité n'est pas complète ; — considérant, dès lors, que, dans l'esprit de la loi de 1844 comme dans l'esprit du Code pénal, interprété par plusieurs arrêts de cassation, le jour doit s'entendre seulement du temps qui s'écoule entre le lever et le coucher du soleil, et lorsque l'obscurité n'est pas complète ; — que d'ailleurs, cette interprétation a été admise lors de la discussion de la loi à la Chambre des députés ; — considérant, par conséquent, que c'est à tort que les premiers juges, faisant une fausse application de l'article 1037 Code pr. civ., ont décidé que le délit commis par Calmelet n'avait pas eu lieu pendant la nuit, et qu'il y a lieu de réformer leur décision à cet égard ; — par ces motifs, faisant droit sur l'appel émis par le ministère public du jugement du 20 octobre 1846 ; met ce dont est appel au néant, et, par nouveau jugement, en déclarant Eugène Calmelet atteint et convaincu d'avoir chassé la nuit sur le terrain d'autrui, pour réparation de ce délit le condamne à 50 francs d'amende.

Ainsi donc la loi a voulu tellement interdire tout braconnage qu'elle va même jusqu'à défendre la détention
d'engins prohibés.

L'interdiction prononcée par l'article 9 s'applique aux
moyens de chasse dont l'emploi suffit pour prendre le
gibier, et non pas à ceux qui peuvent être considérés
comme accessoires plus ou moins efficaces d'un mode
de chasse.

Ainsi est interdite la chasse avec filet (21 décembre 1844, et 26 octobre 1844, Paris; 25 mars et 4 avril
1846, Lyon; 30 mai 1845, Crim., cass.); — celle aux
gluaux (25 février 1845 et 2 octobre 1846, Crim., cass. ;
23 avril 1847, Ch. réunies, cass.); — celle aux appelants
(23 avril 1847, Ch. réunies cass.); — celle à la noix
vomique. (17 mars 1847, Trib. corr. de Lyon.) Les
pots à moineaux, raquettes, chanterelles doivent être
compris dans les modes de chasse défendus. (Dijon, 9 décembre 1874.)

La chasse avec traqueurs est permise, car ce n'est pas
un moyen de chasse complet; qui parle de traqueurs
suppose des chasseurs postés pour tirer le gibier. C'est
donc un genre de la chasse à tir. C'est la même raison qui fait que l'on autorise l'emploi de chiens d'arrêt ou courants. (29 novembre 1845 ; Crim., rej. — Paris,
26 avril 1845.) (1)

---

(1) « Attendu que la loi du 3 mai 1844 n'admet que trois modes
de chasse : la chasse à tir, la chasse à courre et les furets et
bourses destinées à prendre le lapin ; que tous les autres moyens
sont formellement prohibés ; mais qu'on ne doit considérer comme
moyens de chasse proprement dits que ceux dont l'emploi n'est
qu'accessoire à un genre de chasse déterminé, et qui cependant
aide le chasseur à atteindre le gibier ; qu'ainsi, quoique le législateur ne s'en soit pas formellement expliqué, il est hors de doute

De même on a reconnu la chasse à tir avec l'aide d'un miroir comme légale ; le miroir ne pouvant seul servir à prendre l'oiseau il ne peut être considéré comme un engin. (2 janvier 1845, Grenoble.) (1) C'est ce principe

que, pour la chasse au tir, on peut s'aider de chiens d'arrêt ou chiens couchants, qui quêtent le gibier, le suivent à la piste, le débusquent de son gîte et le livrent aux coups du chasseur ; que l'office de traquer n'est pas d'une autre nature ; que, relativement à ces procédés auxiliaires, insuffisants par eux-mêmes pour atteindre le but de la chasse, la loi n'a excepté que l'usage des appeaux et chanterelles.....

(1) La Cour ; — attendu que du procès-verbal dressé par la gendarmerie, il résulte que les prévenus Grand Perret et Laffolay ont été trouvés chassant à tir, avec l'aide d'un miroir, sur le territoire de la commune de Villeurbanne (Isère), le 27 octobre 1844 ; — que ces deux prévenus étaient porteurs d'un permis de chasse, et qu'il n'est point constaté au procès-verbal que le terrain sur lequel ils chassaient n'était pas dépouillé de ses fruits ; que, dès lors, la seule question à examiner est celle de savoir si le miroir dont ils se servaient pour attirer le gibier doit être considéré comme engin ou instrument prohibé, dont l'emploi n'aurait pu être autorisé que par un arrêté du préfet de l'Isère, pris en conformité de la loi, autorisation qui n'existe pas dans l'espèce ;

Attendu que dans l'acception usuelle du mot engin, qui n'a point été défini dans la loi, on ne peut entendre que les objets ou instruments qui, matériellement et directement, saisissent ou tuent le gibier, qui sont des moyens uniques et principaux sans y ajouter l'emploi du fusil, tels que filets, raquettes, lacets, collets ou autres instruments du même genre ; que le miroir, ne pouvant servir seul à prendre ou à tuer le gibier, n'est point un engin proprement dit ; que le miroir employé par l'individu qui chasse à tir ne peut être considéré comme un des accessoires de cette chasse, et que n'ayant pour but et pour effet que d'attirer le gibier, il n'est que l'auxiliaire de la chasse à tir, comme le chien qui recherche et fait lever le gibier ;

Attendu que si le n° 2 de l'article 12 de la loi du 3 mai 1844 est applicable aux faits de chasse avec instruments prohibés autres que les engins, il faut rechercher dans la loi quels sont ces instruments prohibés, et que le même article au n° 6 indique les appeaux, appelants ou chanterelles ; mais qu'on ne saurait, même par assimilation, appliquer cette énonciation au miroir, et le ranger parmi ces instruments dont l'emploi est nommément défendu, et que, d'ailleurs, la mention spéciale d'une prohibition est exclusive de toute interprétation, de toute extension ; que si, par le mot engin et instruments prohibés, le législateur eût voulu interdire tous les instruments qui servent à attirer le gibier, il eût été inutile de comprendre les appeaux, appelants et chanterelles dans une disposition spéciale ;

Attendu que le miroir ne peut rentrer dans les termes du n° 5 qui a fait juger que l'on pouvait se servir de miroir tout le temps que la chasse était ouverte, quand même un arrêté préfectoral en interdirait l'emploi. (17 mars 1875, Dijon.)

Il faut encore que les engins saisis soient bien propres à détruire le gibier ; ne peuvent être considérés comme tel :

Un bâton garni d'hameçons amorcés avec de la viande pour prendre des corbeaux. (Trib. Mirecourt, 8 mars 1845.)

Les pièges à fouines, rats, putois... si un arrêté préfectoral ne change en rien les dispositions de l'article 9 à cet égard. (Crim., rej., 15 octobre 1844.)

La pioche, le coussin, le mouvant, parties d'un tout principal étant un filet. (Trib. Vesoul, 20 décembre 1844.)

de l'article 12, et constituer un appât, car, par là encore, on n'a en vue que l'appât considéré comme moyen principal de destruction ; — Attendu qu'il résulte du rapport de la Chambre des pairs que, pour interdire la chasse à tir, quand, à ce mode de chasse, vient se joindre l'emploi des appeaux, appelants ou chanterelles, on a jugé nécessaire de formuler une prohibition spéciale, parce que, selon les expressions du rapport, *cette chasse à tir avec appeaux, appelants et chanterelles se trouverait indirectement permise, si la loi ne s'en expliquait autrement* ; que si une disposition formelle a été indispensable pour interdire ce mode de chasse, le législateur aurait pris le même soin, dans les mêmes circonstances, pour interdire la chasse à tir avec l'aide d'un miroir, s'il avait entendu la prohiber ; qu'il faut conclure de ce silence que la chasse à tir, avec l'aide d'un miroir, se trouve indirectement permise, la loi ne s'en étant pas expliquée autrement ;

Attendu que, d'après l'article 9, tout individu qui a obtenu un permis de chasse a le droit, quand la chasse est ouverte, de chasser à tir ; que les expressions du § 2, *tous autres moyens de chasse sont prohibés*, prouvent, sauf les exceptions portées au n° 6 de l'article 12, qu'il suffit que la chasse ait eu lieu à tir pendant le jour pour ne pas constituer un délit, et que le fait de chasse à tir et avec un miroir, sur un terrain où on a droit de chasse, ne peut constituer un délit au temps où la chasse est ouverte et quand le chasseur est porteur d'un permis ; — attendu que, dans l'espèce, la chasse était ouverte le 27 octobre dans le département de l'Isère, que les prévenus étaient porteurs d'un permis, et qu'il n'est point constaté qu'ils aient été trouvés sur un terrain appartenant à autrui, et non dépouillé de ses fruits ; — Relaxe.

La détention d'appeaux ou chanterelles. (16 juin 1866, Crim., rej. — 29 septembre 1866, Trib. Reims ; — 7 mars 1868, Crim., cass.)

Les dispositions qui interdisent l'emploi ou la détention de ces engins sont de droit commun et générales, et ne sauraient recevoir une exception sans un texte spécial de loi (26 avril 1845, Crim., cass. ; 5 mars 1857, Limoges; 16 décembre 1858, Trib. Lyon; 10 juin 1866, Crim., rej.; 7 mars 1868, Crim., cass.; 1er mai 1868, Crim., rej.); aussi elles s'appliquent à tout le monde, même au propriétaire qui chasse dans son enclos. (Cass., 26 avril 1845.)

Il faut remarquer que ce fait sera très difficile à constater puisque les agents chargés de le faire ne peuvent entrer chez vous sans mandat du juge d'instruction.

La rigueur de la loi qui prohibe non seulement l'usage, mais encore la détention d'engins prohibés a été vivement combattue lors de la discussion. Voici ce qui a été dit par M. le garde des sceaux qui demandait à ce que le mot détenteur fût maintenu dans l'article 12.

Si nous pouvions supposer que l'insertion de ce mot dans la loi eût pour résultat de faire faire des visites domiciliaires sans les garanties que la loi a données aux citoyens pour faire respecter leur domicile, je reconnaîtrais qu'il ne faut pas admettre cette disposition ; mais il n'en est pas ainsi. Cette disposition ne fait pas autre chose que qualifier délit, le fait de détenir des instruments qui ne peuvent servir qu'à commettre des délits. Comment pourra-t-on constater cette détention ? Dans les formes indiquées par le Code d'instruction criminelle. Le juge d'instruction délivrera un mandat à l'aide duquel on pourra s'introduire dans le domicile, et vous savez

avec quelles précautions ces magistrats usent du droit que
la loi leur a accordé en cette matière. D'ailleurs dans
quelles circonstances ces mandats seront-ils délivrés ? il
faut bien descendre dans la pratique pour apprécier la
nécessité de la disposition. Personne n'ignore que les
braconniers exercent en général leur coupable industrie
pendant la nuit, et que les gardes, les gendarmes éprou-
vent souvent les plus grandes difficultés, et qu'ils courent
même de sérieux dangers pour constater les délits de
cette nature, ce qui assure très fréquemment l'impunité
des délinquants. Eh bien, supposez que cet état de choses
soit notoire dans une commune, que l'existence d'un
certain nombre de braconniers et la détention par ces
braconniers d'instruments de chasse prohibés soient parfaitement, je dirai même scandaleusement connus ; et
vous ne voudrez pas que le maire, par exemple, puisse
s'adresser au procureur pour lui dire que dans telles
maisons se trouvent les instruments de ces délits, et que
les habitants de ces maisons en sortent presque toutes
les nuits pour détruire le gibier ? Et vous trouverez qu'il
y a un grand inconvénient à ce que le juge d'instruction
délivre un mandat pour pénétrer dans ces maisons ?... »
C'est sur ces observations bien nettes, bien définies que
le mot fut conservé.

Voilà donc la règle générale. Cependant il faut avouer
qu'en cas de flagrant délit les juges de paix, officiers de
gendarmerie, commissaires généraux de police peuvent
suivre le délinquant chez lui. (Code d'inst. crim., art. 49.)
Les gardes et gendarmes peuvent dans les mêmes circonstances agir de même avec l'assistance du maire ou
de son adjoint. (Id., art. 16.)

La détention de filets dans une maison constitue un délit, que l'on s'en serve ou non ; et ici encore nous supposons des filets en état de servir à la chasse. (Orléans, 9 février 1846 — Crim., rej., 4 avril 1846 — Paris, 26 décembre 1844.) Cette disposition s'applique aux fabricants et marchands. (Crim., rej., 4 avril 1846.)

Au sujet de la constatation à domicile de la détention de filets il a été jugé que les seuls moyens indiqués par la loi doivent être mis en usage :

Ainsi, si un garde forestier, voulant rechercher des filets, pénètre chez quelqu'un avec le maire sous prétexte de rechercher un délit de bois, son procès-verbal est nul. (Trib., Épinal, 31 octobre 1844.) De même il ne pourrait même avec l'assentiment du propriétaire, s'il n'y a pas flagrant délit, ni assistance du maire, constater valablement le délit à domicile. (Rouen, 13 mars 1845.) Mais cependant il est accepté qu'un garde qui constate légalement un délit de bois ou qu'un gendarme qui entre chez vous pour affaire de service et qui dans l'exercice de leurs fonctions trouvent des filets, peuvent valablement dresser procès-verbal. (Cass., 18 décembre 1845 ; Caen, 2 août 1876.)

L'article 9 qui nous occupe se termine ainsi :

Néanmoins les préfets des départements, sur l'avis des conseils généraux, rendront des arrêtés pour déterminer :

1° L'époque de la chasse des oiseaux de passage autres que la caille, la nomenclature des oiseaux et les modes et procédés de chaque chasse pour les diverses espèces ;

2° Le temps pendant lequel il sera permis de chasser

le gibier d'eau, dans les marais, sur les étangs, fleuves et rivières ;

3° Les espèces d'animaux malfaisants ou nuisibles que le propriétaire, possesseur ou fermier, pourra en tout temps détruire sur ses terres, et les conditions de l'exercice de ce droit, sans préjudice du droit appartenant au propriétaire ou au fermier de repousser ou détruire, même avec des armes à feu, les bêtes fauves qui porteraient dommage à ses propriétés.

Ils pourront prendre également des arrêtés :

1° Pour prévenir la destruction des oiseaux ou pour favoriser leur repeuplement ;

2° Pour autoriser l'emploi des chiens lévriers pour la destruction des animaux malfaisants ou nuisibles ;

3° Pour interdire la chasse pendant les temps de neige. (Loi du 25 janvier 1874 modifiant l'art. 9.)

Nous allons donner quelques mots d'explications sur ces divers genres de chasse, dans des paragraphes différents.

A. Oiseaux de passage.

L'oiseau de passage est celui qui, à des époques déterminées, se transporte par troupes dans des pays lointains. (Circulaire ministérielle, 9 juillet 1861.) (1)

Le législateur n'a pas voulu apporter un obstacle

---

(1) Cette définition est bien générale et peut-être peu exacte au point de vue ornithologique. — L'oiseau de passage est assez difficile à déterminer, et comme la loi laisse à ce sujet une certaine latitude à MM. les préfets, ils pourront suppléer à ce qui manque dans la définition donnée par la circulaire ministérielle.

Que les ornithologistes me pardonnent si dans ces différents paragraphes où je parlerai des oiseaux de passage, malfaisants ou nuisibles, de leur nomenclature, de la conservation des œufs et couvées, des tendues, je les blesse dans leurs plus profondes et très légitimes convictions ; mon but ici, ne l'oublions pas, est de faire connaître la loi telle qu'elle est, et non pas telle qu'elle devrait être.

absolu à la continuation de certains usages qui n'auraient pu être supprimés, sans un préjudice réel pour les localités où ils sont pratiqués, et où ils peuvent être considérés presque comme l'exercice d'une industrie. Les oiseaux de passage, à des époques où toutes les autres chasses sont closes, arrivent quelquefois en nombre tel qu'ils forment pour les habitants de certaines localités un moyen précaire d'alimentation et de commerce.

C'est pourquoi les préfets pourront, après avoir pris l'avis du conseil général, prendre des arrêtés au sujet de ce genre spécial de chasse. Les préfets, du reste, ne sont aucunement liés par cet avis, ils peuvent s'en écarter quand l'intérêt public le leur commande. Ces arrêtés n'étant pas soumis par la loi à l'approbation du ministre, ils sont exécutoires de plein droit ; mais comme l'administration préfectorale ne s'exerce que sous l'autorité et le contrôle de ministres responsables, les préfets devront envoyer au ministère ampliation de ces arrêtés, afin qu'il y soit constaté qu'ils sont conformes à l'ensemble de la législation. (Circulaire min. Int., 20 mai 1844.)

Nul doute que par ces arrêtés spéciaux le préfet ne puisse défendre de chasser au fusil ou autoriser à le faire sans permis ; ces arrêtés créent des exceptions qui présument toujours les lois générales que nous avons étudiées.

Sous l'empire de l'article 9 de la loi de 1844, il s'est élevé de nombreuses contestations pour savoir si les préfets avaient le droit de faire la nomenclature des oiseaux de passage. La jurisprudence était très partagée sur ce point. La loi de 1874 tranche toute difficulté ; les préfets peuvent établir la nomenclature des oiseaux de passage ; les cailles sont exceptées de cette règle. Inutile d'ajouter que ces nomenclatures doivent servir de guide aux tribunaux qui sont appelés à juger les contraventions.

B. Gibier d'eau.

Le préfet peut régler, après avoir pris l'avis du conseil général, la chasse du gibier d'eau. Je répéterai ce que j'ai dit au paragraphe précédent ; le préfet n'est pas lié par l'avis du conseil général et ses arrêtés sont exécutoires de plein droit.

Toute latitude est donnée à ce sujet à l'administration locale ; en effet, c'est à elle qu'il appartient de décider quelle est l'espèce de chasse qui doit se faire dans tel marais ou sur tel étang et par suite d'en déterminer l'époque. (Rapport.)

Ainsi donc, de la discussion même de la loi, il ressort que le préfet peut ouvrir la chasse dans tel marais et l'interdire dans tel autre.

Pour chasser sur les étangs ou marais, il faut avoir le consentement du propriétaire ; sur les rivières non navigables ni flottables, il faut le consentement des riverains auxquels appartiennent le lit et les bords. Des personnes ont prétendu que l'on pouvait chasser sans autorisation sur les fleuves et rivières navigables et flottables, dont la propriété appartient à l'État. C'est là une grave erreur, croyons-nous ; l'État est propriétaire et en cette qualité la chasse lui appartient. Quiconque veut chasser sur sa propriété doit en obtenir l'autorisation ; du reste la jurisprudence jusqu'ici nous donne raison. (Paris, 24 octobre 1844. Metz, 5 mars 1845.)

Si un préfet négligeait de réglementer cette chasse,

il est bien évident qu'elle serait permise pendant le
même temps que la chasse ordinaire. Le plus souvent
cette chasse se prolonge plus longtemps que l'autre, et
alors les arrêtés préfectoraux doivent indiquer si après
la clôture de la chasse ordinaire, les chasseurs au gibier
d'eau peuvent marcher sur les terres et à quelle distance
du bord de l'eau. La Cour de Dijon a cependant jugé
qu'il n'y avait pas délit pour avoir, après la clôture de
la chasse ordinaire, mais avant celle du gibier d'eau,
tiré une bécassine dans un terrain bas et marécageux
contigu à la rivière, fréquemment recouvert par les eaux,
et entrecoupé de fossés d'assainissement. (18 avril 1873.)

C. Animaux malfaisants et nuisibles. Bêtes fauves.

Par animaux malfaisants et nuisibles, il faut entendre
ceux que l'arrêté du préfet reconnaît comme tels. Là
encore il a le droit de classification. Généralement nous
trouvons parmi ces animaux les lapins de garenne, les
oiseaux de proie, les corbeaux, etc.

L'arrêté du préfet fait la loi des parties. Il doit être
pris sur l'avis du conseil général et dans les conditions
déjà énoncées dans les paragraphes précédents. Il y a
donc délit, si une fois la chasse fermée, on tue des pies
ou autres animaux reconnus très nuisibles s'ils ne sont
pas énumérés dans l'arrêté préfectoral. (Orléans, 16 septembre 1844.)

Cependant il a été jugé, conformément aux prescriptions contenues dans l'article 9 de la loi de 1844 et l'article 1er de la loi de janvier 1874 ;

Que le propriétaire ou fermier pouvait en tout temps
détruire sur ses terres les animaux malfaisants ou nuisi-

bles, car ils le deviennent le jour où on peut prouver
qu'ils ont commis un dégât (Agen, 26 juillet 1852) ;

Qu'il pouvait même pour cette destruction se servir
d'un fusil (Trib. Montbrison, 11 novembre 1872) ;

Que le propriétaire pouvait tuer les pigeons qui ve-
naient s'abattre dans son champ nouvellement ense-
mencé. (Rouen, 14 février 1845.) La même Cour a aussi
admis que l'on pouvait s'embusquer dans son champ
pour les tuer (7 août 1862) ; que d'autres personnes que le
propriétaire pouvaient détruire avec un fusil et même
la nuit, les pigeons ramiers quand l'arrêté préfectoral les avait classés parmi les animaux nuisibles. (Caen,
11 avril 1877, Crim., rej., 9 août 1877.)

Bien entendu cette autorisation de détruire l'animal
malfaisant étant une exception à la loi générale, le propriétaire ou fermier ne pourrait pas dans les mêmes
conditions le chasser. (29 avril 1858, Crim., cass.) Le droit
de chasse ou plutôt le droit de tuer naît en même
temps que le dommage. (Rouen, 18 février 1844.) Cette
exception introduite dans la loi, est un acte de légitime
défense, qui a pour objet unique de préserver les récoltes des dégâts qu'y occasionneraient certains animaux : par conséquent, les propriétaires ou fermiers
peuvent faire cette chasse, sans être munis de permis.
(Rouen, 14 février 1845 ; Orléans, 15 mai 1851.)

En dehors de ce cas spécial prévu par la loi, personne
ne peut chasser l'animal malfaisant sans autorisation,
c'est alors qu'est nécessaire l'arrêté préfectoral dont
nous avons parlé au commencement de ce paragraphe.

La loi a fait une distinction entre les animaux malfaisants et nuisibles et les bêtes fauves ; régulièrement

les premiers ne peuvent se chasser qu'en se conformant aux arrêtés préfectoraux ; les seconds au contraire peuvent être repoussés ou détruits, en tout temps, même avec des armes à feu (Metz, 28 novembre 1867) par les propriétaires ou fermiers.

Dans ce cas le préfet n'a rien à réglementer ; la loi est formelle, le propriétaire ou fermier peut tuer un animal, dès que par sa nature ou les dommages qu'il commet, il peut être considéré comme bête fauve ; il a été reconnu qu'il pouvait dans ce cas se faire assister et aider par les auxiliaires qu'il lui plaira de choisir. Il pourrait même déléguer ce droit s'il ne pouvait ou ne voulait l'exercer lui-même. (Caen, 26 juin 1878.)

A quoi donc reconnaître une bête fauve ? la loi malheureusement a laissé aux juges toute liberté d'appréciation. On a prétendu que tout animal sauvage abimant les récoltes était une bête fauve. (Trib. Clermont, 26 mars 1868.) On a été jusqu'à classer dans cette catégorie le chevreuil pris en flagrant délit dans un champ couvert de sa récolte (Orléans, 25 juillet 1861) ; mais en général on donne ce nom aux loups, renards, sangliers, fouines, putois, etc. (1). On ne saurait comprendre dans cette catégorie le lièvre (Crim., cass., 29 avril 1858) ; les corbeaux ou autres oiseaux de proie qui prennent la volaille (Crim., cass., 5 novembre 1842) ; les pigeons ramiers et les pies. (Crim., rej., 11 juin 1880.)

Le droit de détruire les bêtes fauves n'existe pas seulement quand le dommage est fait, il suffit qu'il y ait danger. (Rouen, 25 février 1875.)

_____

(1) Bien des arrêts de Cour ont consacré cette croyance : Caen, 26 juin 1876 et autres.

Bien entendu le propriétaire ou fermier en faveur duquel est faite cette exception aux règles générales que nous avons posées, ne peut détruire les bêtes fauves que sur son terrain ; il commettrait un délit en le faisant sur le terrain d'autrui. (Angers, 10 mars 1874 ; Lyon, 15 juin 1868 ; Trib., Rouen, 17 juillet 1875.)

D. Chasse en temps de neige.

Il s'agit ici d'une mesure prise entièrement dans l'intérêt de la conservation du gibier : tout le monde sait combien peut être destructive la chasse en temps de neige.

Les préfets, dans ce cas spécial, ont pleine liberté d'appréciation ; la loi ne les oblige même plus à prendre l'avis du conseil général.

La prohibition de chasse, résultant d'un arrêté préfectoral, ne peut s'étendre qu'aux endroits couverts de neige ; par conséquent, on ne saurait comprendre dans cette prohibition les rivières et étangs. (Douai, 10 mai 1853). (1)

De même cette prohibition peut s'étendre seulement à la chasse en plaine et non à la chasse au bois, à tout le département ou à un ou plusieurs arrondissements. Elle peut résulter d'un arrêté réglementaire et être perpétuelle ; ou de l'arrêté annuel d'ouverture de la chasse et être annuelle.

E. Emploi des chiens lévriers.

La chasse au lévrier, dans les pays de plaines surtout, est essentiellement destructive, c'est pourquoi il a paru

---

(1) Il a été jugé qu'un arrêté préfectoral interdisant la chasse soit au bois, soit en plaine, comprenait dans la généralité de ses expressions toutes les terres, quelle que soit la nature de leur culture, et notamment les prairies. (Rouen, 6 février 1845.)

bon, lors de la discussion de la loi, non pas de l'interdire complètement, mais de permettre au préfet de juger
de son opportunité; en principe, cette interdiction existe
si un arrêté préfectoral n'autorise pas cette chasse.

On s'est demandé quels chiens devaient être considérés comme lévriers. De l'ensemble de la discussion,
il résulte que l'on a pensé aux chiens lévriers pur sang
et aux croisés lévriers ou dérivés lévriers; cette doctrine
a été consacrée par un arrêt de la cour de Douai. (19 janvier 1846.)

F. Chasse aux petits oiseaux.

La loi défend expressément de détruire des œufs ou
couvées de faisans, perdrix et cailles. (Art. 4 et 11.)

Elle a aussi protégé les animaux en défendant l'emploi
des filets et autres engins de chasse usités sous la législ-
lation de 1790.

Pourquoi le législateur n'a-t-il pas compris tous les
oiseaux dans l'énumération de l'article 4 et défendu de
détruire toutes les couvées en général? Dans sa circulaire du 20 mai 1844, M. le ministre de l'intérieur avoue
que bien des départements attribuent à la destruction
des oiseaux l'accroissement considérable des insectes
qui envahissent les récoltes et invite MM. les préfets à
prendre des arrêtés interdisant la chasse aux petits
oiseaux.

Le mal signalé en 1844 est loin d'avoir disparu. Les
petits oiseaux ne sont point devenus nuisibles par suite
de l'accroissement considérable prévu par la circulaire
ministérielle, et cependant, chaque année, dans certains
départements, on en détruit des quantités, non pas au

.fusil, mais dans des tendues (1). Les préfets ont la libre réglementation de cette chasse ; ils peuvent prendre des arrêtés sans l'avis du conseil général. La plupart des arrêtés préfectoraux pris sur cette matière défendent le dénichage d'une manière absolue ; pourquoi donc, dans certains départements, est-il permis de faire des tendues et d'y prendre toute espèce d'oiseaux ? La protection réclamée et même exigée par la loi est illusoire, si vous prenez à vos raquettes les oiseaux que vous avez protégés dans leurs nids.

Quoique nous ayons pris pour tâche d'expliquer et non de critiquer la loi, nous ne saurions trop réclamer en cette matière une législation générale.

Tous les arrêtés pris par les préfets en matière de chasse, emportent l'application d'une peine pour celui qui y contrevient, par conséquent ils doivent n'avoir force d'exécution que par la connaissance qui en est légalement donnée aux intéressés. L'insertion au *Bulletin des actes administratifs* ne suffit pas; ils doivent être affichés et publiés dans toutes les communes du département. (Crim., cass., 5 juillet 1845.) (1)

CHAPITRE III

DU COLPORTAGE, DE LA VENTE ET DE L'ACHAT
DU GIBIER

Dans chaque département, il est interdit de mettre en vente, de vendre, d'acheter, de transporter et de colporter du gibier pendant le temps où la chasse n'y est pas

(1) Voir *Oiseaux de passage et tendues*, par M. Lescuyer. J.-B. Baillère et fils, Victor Palmé, éditeurs, Paris.

permise. En cas d'infraction à cette disposition, le gibier sera saisi et immédiatement livré à l'établissement de bienfaisance le plus voisin, en vertu soit d'une ordonnance du juge de paix, si la saisie a eu lieu au chef-lieu de canton, soit d'une autorisation du maire, si le juge de paix est absent ou si la saisie a été faite dans une commune autre que le chef-lieu. Cette ordonnance ou cette autorisation sera délivrée sur la requête des agents ou gardes qui auront opéré la saisie, et sur la présentation du procès-verbal régulièrement dressé. La recherche du gibier ne pourra être faite à domicile que chez les aubergistes, chez les marchands de comestibles et dans les lieux ouverts au public. (Art. 4.)

Sous l'ancienne législation, la chasse était fermée pendant un certain temps chaque année, mais il n'y avait aucune disposition au sujet du colportage. Aussi les braconniers, alléchés par le gain considérable qu'ils retiraient de la vente de leur gibier, se livraient à leur industrie avec activité.

Le législateur de 1844 a voulu faire disparaître cet abus et voilà pourquoi tout colportage, vente, achat de gibier sont défendus après la clôture de la chasse.

Cette défense, qui atteint le vendeur et l'acheteur, s'étend à toute espèce de gibier, même à celui tué dans les enclos; car si on eût laissé au propriétaire le droit de vendre et colporter son gibier, on eût certainement rendu illusoires les dispositions nouvelles de la loi.

Bien entendu les oiseaux d'eau, de passage, les animaux malfaisants dont la chasse serait permise par arrêté préfectoral, peuvent être colportés et vendus dans le département même après la clôture de la chasse ordinaire.

Quant à faire l'énumération des oiseaux et animaux que l'on peut considérer comme gibier, cela est impossible. On peut dire cependant qu'ordinairement sont considérés comme tels les oiseaux et animaux que l'on prend à la chasse et dont la chair est bonne à manger. Bien entendu, on ne saurait faire entrer dans cette catégorie les animaux domestiques et privés servant à la nourriture de l'homme. (Bordeaux, 12 février 1845.)

. Cette interdiction est générale, elle s'applique au gibier vivant (Trib. Lille, 20 juillet 1844), ainsi qu'à celui qui pourrait venir de l'étranger. (Circulaire de l'administration des douanes, 30 juin 1844.)

Le temps d'interdiction prévu par l'article 4 est celui qui se trouve compris entre la clôture et l'ouverture de la chasse. Elle ne saurait s'étendre aux temps de neige, car il neige à une place et pas à une autre ; de plus, des préfets n'ont pris aucunes dispositions relatives à la chasse en temps de neige, d'autres l'interdisent, d'autres ne la permettent que dans les bois. (Crim., rej., 22 mars et 18 avril 1845.)

En cas d'infraction à la loi, le gibier est saisi. Le but eût été manqué si on eût laissé aux mains du délinquant le gibier dont la valeur pourra souvent excéder l'amende encourue ; et il a paru sage de donner ce gibier à l'établissement de bienfaisance le plus voisin au lieu de le laisser se perdre.

De même on a autorisé la recherche du gibier chez les aubergistes, marchands de comestibles et généralemen dans tous lieux ouverts au public ; cette disposition étai nécessaire pour que la loi ne servît pas de prétexte à des visites domiciliaires et à des inquisitions vexatoires.

Cette règle générale, posée par l'article 4, a t-elle des exceptions?

Nous avons vu que les préfets pouvaient, par des arrêtés spéciaux, autoriser, après la clôture de la chasse, la destruction des animaux malfaisants et nuisibles. Nous ne parlons pas ici des loups ou renards qui ne se mangent pas habituellement, mais des sangliers et lapins de garenne. Que faire du gibier tué pendant la chasse? Peut-on le transporter, le vendre? Dans sa circulaire de mai 1844, M. le ministre de l'intérieur autorise les préfets à prendre, dans leur département, des dispositions à ce sujet. Ces mesures étaient très incomplètes et ne permettaient guère que le transport du gibier du lieu de chasse au domicile du chasseur. Par une circulaire en date du 7 mars 1874, M. le ministre a décidé que le transport, la vente et le colportage des sangliers et lapins de garenne pourraient s'effectuer après la clôture de la chasse, pourvu que chaque envoi soit accompagné d'un certificat de provenance et d'une autorisation de transport délivrée par le préfet ou, s'il le juge convenable, par le sous-préfet de l'arrondissement où les battues ou chasses auraient eu lieu.

Quant aux animaux qui viennent de l'étranger, ils peuvent entrer en France après la clôture de la chasse s'ils se trouvent dans les catégories d'oiseaux ou animaux dont la chasse est encore permise par les arrêtés préfectoraux. Par une circulaire en date du 20 juin 1873, M. le ministre de l'intérieur a décidé que l'on pouvait introduire, colporter ou vendre le grand coq de bruyère, le coq de bruyère à queue fourchue, la gélinotte blanche ou lagopède des saules, la gélinotte cupide, la grousse d'Écosse, alors que toute chasse est défendue ; ces espèces de gibier exotique n'ayant point leur similaire en France.

CHAPITRE IV

CONSTATATION DES DÉLITS .

Les délits prévus par la loi seront prouvés, soit par procès-verbaux ou rapports, soit par témoins, à défaut de rapports et procès-verbaux ou à leur appui. (Art. 21).

Cet article n'est que la reproduction de l'article 154 du Code d'instruction criminelle. Les personnes chargées de constater les délits de chasse pourront le faire soit au moyen de procès-verbaux ou rapports, soit au moyen de témoins. Dans ce dernier cas., on suit les règles établies dans le Code d'instruction criminelle, au titre de la preuve testimoniale. (Art. 71 à 86.)

§ 1. Qui peut dresser procès-verbal ?

Les maires et adjoints, commissaires de police, officiers, maréchal des logis ou brigadier de gendarmerie, gendarmes, gardes champêtres, forestiers, gardes de pêche ou gardes particuliers assermentés peuvent constater un délit de chasse. (Art. 22.)

Cette énumération ne comprend que les personnes qui d'habitude sont appelées à constater les délits de chasse ; mais il faut reconnaître ce droit à toutes les personnes chargées de la police judiciaire, tels que les procureurs, substituts, juges d'instruction, préfets..... (C. inst., crim., art. 9-10.)

De même, on ne peut nier ce droit aux conservateurs,

inspecteurs, sous-inspecteurs, gardes généraux des forêts, dans les bois soumis au régime forestier.

Les agents de police, appariteurs, sergents de ville ne peuvent faire que des rapports et non constater un délit.

Il est de principe qu'un officier de police judiciaire ne peut valablement constater un délit de chasse que dans les lieux où il a le droit d'exercer ses fonctions.

Ainsi, le garde champêtre ne peut verbaliser que sur le territoire de sa commune; le garde forestier dans les bois soumis au régime forestier. (Crim., cass., 26 avril 1845.) On a soutenu, que les gardes forestiers ne pouvaient pas faire de procès en plaine et réciproquement. (Grenoble, 13 septembre 1834 ; Crim.. cass., 18 octobre 1827 et 9 mai 1828.) La cour de Metz a jugé le contraire, en vertu des principes généraux émis dans le Code d'instruction criminelle. (29 mai 1819.)

Les gardes particuliers ne peuvent verbaliser que dans les propriétés soumises à leur garde. (Cass., 4 mars 1828.)

La gendarmerie verbalise sur toute l'étendue du territoire. (Ordonnance, 29 octobre 1820.)

Les employés d'octroi peuvent verbaliser dans la limite de leurs attributions ordinaires ; c'est-à-dire qu'ils peuvent saisir le gibier que l'on entrerait dans une ville et constater le délit de colportage. Lors de la discussion de la loi, il a été dit formellement : les employés d'octroi sont les seuls qui aient mission de surveiller le transport ; les gendarmes ni les gardes ne peuvent à l'entrée d'une ville faire ouvrir les paniers ou carnassières pour voir s'il y a du gibier ; l'employé d'octroi doit le faire pour le paiement des taxes d'octroi et alors s'il y a délit il peut dresser procès-verbal.

Les employés des contributions indirectes (Art. 23) dans l'exercice de leurs fonctions et dans la limite de leurs attributions, peuvent aussi dresser procès-verbal. Comme les employés d'octroi ils ne peuvent constater que les infractions à l'article 4 (Colportage, vente, achat de gibier en temps défendu.) Ils peuvent s'introduire chez les aubergistes, cafetiers; mais ils ne peuvent le faire pour rechercher un délit de chasse. Ils ne peuvent constater le délit que quand il se présente à eux dans des visites ou perquisitions opérées pour cause de leurs fonctions. (Circulaire, direction des contributions indirectes, 25 juin 1844.) Les infractions dont il s'agit ici ne pourront presque jamais être constatées par les gardes et les gendarmes, appelés, par la nature de leurs fonctions, à rechercher plutôt les délits de chasse proprement dits, qui se commettent au milieu des champs; le concours des préposés aux octrois et des employés des contributions indirectes était nécessaire à l'exécution de cette partie importante de la loi : telle est la cause du nouveau pouvoir qui leur a été conféré.

Les douaniers, dans l'exercice de leurs fonctions, peuvent aussi verbaliser; comme les agents dont nous venons de parler, leur procès-verbal ne pourra constater que des infractions à l'article 4. (Circulaire, directeur général des douanes, 30 juin 1844.)

Une circulaire du directeur général des forêts, du 20 mai 1854, autorise les adjudicataires des droits de chasse dans les bois soumis au régime forestier à avoir des surveillants de chasse ; ces spseudo-gardes ne peuvent que donner avis des contraventions et délits à leur connaissance.

§ 2. Du procès-verbal.

Les procès-verbaux relatifs aux délits de chasse sont de même que tous les procès-verbaux constatant tous autres délits soumis à certaines règles générales.

Ainsi, ils doivent être dressés par des officiers compétents à cet effet et cela sous peine de nullité — être datés — contenir les noms, qualités et demeure des fonctionnaires rédacteurs — constater l'existence ou le corps du délit — en indiquer la nature, le temps, les lieux, les circonstances — en recueillir les indices, les présomptions, les preuves — constater l'état des lieux — contenir en un mot tous les documents qui peuvent servir à manifester la vérité.

Ils doivent être signés par l'officier rédacteur, mais il n'est pas nécessaire qu'ils soient entièrement écrits de sa main.

Le rédacteur du procès peut être un parent du prévenu.

Ordinairement le procès-verbal constate que l'agent qui a fait le procès était revêtu de ses insignes et a averti le délinquant qu'il allait verbaliser contre lui : cette formalité n'est nullement nécessaire pour la validité du procès. Des jugements ont été rendus en ce sens à propos des gardes champêtres (Crim., cass., 18 février 1820 et 20 septembre 1833) (1), des maires (Crim., cass., 11 no-

---

(1) Le procureur général expose, etc.

Le 8 septembre dernier, Marie et Rose Souffland sont trouvées, par le garde champêtre de la commune de Bernesq, dans un bois situé dans la même commune, et appartenant à M. le comte Treilhard, dont jouit le sieur Leroyer, son fermier. Ces deux femmes étaient occupées à ployer et à rompre des coudres. Le garde champêtre dresse son procès-verbal, et le fait enregistrer le 13 du même

mois. — Les deux filles Souffland et leur père, comme civilement responsable, ont été cités, à la requête du ministère public, à comparoir le 24 du même mois au tribunal de police pour se voir condamner aux peines qu'ils avaient encourues pour le fait dont il s'agit. A la même audience, le sieur Leroyer, fermier de M. Treilhard, ayant la jouissance du bois où les filles Souffland avaient été trouvées, s'est rendu partie civile ; la cause a été continuée au 1er octobre suivant, et ledit jour le juge de paix a rendu le jugement dont la teneur suit : « Considérant que les fonctions des gardes champêtres sont subordonnées au règlement d'administration de MM. les préfets ; tellement vrai, qu'il existe une circulaire de M. le sous-préfet de Bayeux, en date du 29 décembre 1807, adressée aux gardes champêtres des communes de l'arrondissement de Bayeux ; que, par suite de ce principe, jusqu'à ce qu'il soit représenté des règlements postérieurs qui auraient anéanti les premiers, ceux-ci doivent toujours avoir leur exécution et servir de base à la décision des tribunaux chargés de prononcer en pareil cas ; — que le procès-verbal dénommé renferme plusieurs omissions dont la circulaire susdatée demande, au contraire, la stricte observation : 1° en ce que le garde champêtre, rédacteur dudit procès-verbal, n'a point fait mention de la date de sa réception devant le juge de paix de ce canton ;

2° En ce qu'il n'a pas suffisamment énoncé être revêtu du signe distinctif de ses fonctions, termes qui ne peuvent être remplacés par ceux de se dire porteur des décorations voulues par la loi ; — 3° En ce qu'il n'a donné aucun abornement au lieu dans lequel le délit a été commis ; — 4° En ce que le procès-verbal dénommé, portant date du 8 septembre 1819, n'a été visé pour timbre et enregistré que le 13 dudit ; ce qui est contraire au prescrit de la circulaire susdite, qui veut que cette formalité ait lieu dans les trois jours de la date desdits procès-verbaux ; Considérant que l'inobservance de ces formalités donne nécessairement ouverture à la demande en nullité, non seulement conclue par les défendeurs, mais encore par le ministère public ; — Par ces motifs, nous avons déclaré nul et de nul effet le procès-verbal du garde champêtre Vitard, en date du 8 septembre dernier, visé pour timbre et enregistré le 13 dudit, en conséquence, les sieur et demoiselles Souffland renvoyés de l'action intentée à cet égard, le tout sans dépens.

C'est de ce jugement que l'exposant est chargé de requérir la cassation dans l'intérêt de la loi. — Les motifs qui ont fait la base de ce jugement sont, comme le remarquera la Cour, que le garde champêtre ne s'est point conformé aux instructions administratives qu'il avait reçues ; mais comment le juge de paix a-t-il pu croire que des instructions administratives, plus ou moins utiles dans la pratique, puissent jamais acquérir une telle force, qu'il faille les considérer comme une loi, et prononcer la nullité des actes dont le législateur seul a pu régler les formalités ? Le juge de paix devait se borner à examiner si le procès-verbal était revêtu des formalités prescrites par la loi ; il se serait assuré :

10 mars 1815) et de tout autre officier de police judiciaire. (Crim., cass., 14 février 1840). (1)

Les procès-verbaux de toute nature ne font foi que des
faits matériels qu'ils constatent et qui y sont attestés par
le rédacteur. Les juges ne sauraient méconnaître ces faits
sur la seule affirmation des prévenus. (Crim., cass.,
4 janvier 1878.)

L'article 22 déclare que les procès-verbaux dressés par
les maires et adjoints, commissaires de police, officier,
maréchal des logis ou brigadiers de gendarmerie, gardes
forestiers, gardes pêches, gardes champêtres ou gardes

1º qu'elle n'exigeait point que les gardes champêtres fissent mention de la date de leur réception ; 2º que, bien loin qu'il y ait
des termes sacramentels pour exprimer que le garde était revêtu
du signe distinctif de ses fonctions, la loi n'exige pas même de
mention à cet égard ; 3º qu'elle veut que le garde champêtre constate
la nature, les circonstances, le temps et le lieu des délits et des
contraventions ; qu'elle ne va pas au delà ; que l'abornement dont
parle le juge de paix, outre qu'il présente une idée exorbitante,
et souvent difficile dans l'exécution, n'a pas même un motif rai-
sonnable ; et que le garde a certainement fait une désignation
suffisante, lorsqu'il a dit qu'il avait trouvé les délinquants dans le
bois nommé Blanchard, situé dans la commune de Bernesq,
appartenant à M. le comte de Treilhard, et dont jouit le sieur
Leroyer en qualité de fermier........................
Il résulte de ces considérations qu'en refusant de prononcer sur
le délit qui avait été constaté, et annulant le procès-verbal du
garde champêtre, le tribunal de police de Trevière a commis un
deni de justice et fait une fausse application de la loi du 22 fri-
maire an vii. — Ce considéré, etc. *Signé* : Mourre.
Arrêt. La Cour ; — Vu la réquisition ci-dessus ; — faisant droit
sur ledit réquisitoire, en vertu de l'article 442, Code instr. crim., et
par les motifs qui y sont énoncés, annule dans l'intérêt de la loi.
(1) La Cour ; — Vu l'article 154, Code instr. crim. ; attendu,
en droit, qu'aucune loi ne prescrit aux officiers de police judiciaire de déclarer dans leurs procès-verbaux qu'ils étaient en
costume ou revêtus des insignes de leurs fonctions, lorsqu'ils pro-
céderont à la constatation des contraventions qui s'y trouvent
spécifiés, ni d'avertir les contrevenants qu'ils vont dresser contre
eux ces actes ; — qu'en décidant donc, dans l'espèce, que le procès-verbal dont il s'agit ne peut point faire foi en justice jusqu'à
preuve contraire, par le motif qu'il ne contient pas ces énon-
ciations, le jugement dénoncé a commis une violation expresse
de la disposition ci-dessus visée ; — Casse.

assermentés des particuliers feront foi jusqu'à preuve du contraire. L'article 23 accorde la même valeur aux procès-verbaux dressés par les préposés aux octrois et les employés des contributions indirectes dans la limite de leurs attributions respectives.

La loi ne parle pas des procès-verbaux dressés par les procureurs, substituts, juges d'instruction, préfets..... ils font foi jusqu'à preuve contraire.

§ 3. Affirmation, enregistrement des procès-verbaux.

Les procès-verbaux doivent être affirmés dans les 24 heures qui suivent le moment du délit par le signataire devant le juge de paix ou son suppléant, le maire ou un adjoint soit de la commune de leur résidence, soit de celle où a été commis le délit. (Art. 24.)

Cette disposition ne s'applique qu'aux procès faits par les gardes. — Ceux dressés par les gendarmes et autres officiers de police ne sont point soumis à l'affirmation. (Crim., cass., 30 juillet 1825.)

Les magistrats indiqués par l'article 24, sont tous compétents pour recevoir l'affirmation ; le garde peut choisir parmi eux.

Les procès-verbaux doivent être rédigés sur timbre ou papier libre et doivent être enregistrés dans les 4 jours qui suivent celui de la clôture. L'enregistrement se fait en débet, et si le procès-verbal est sur papier libre, il est visé pour timbre en débet. (Loi du 25 mars 1817, art. 74.)

§ 4. Gratifications.

A ce sujet voici ce qu'écrivait à MM. les préfets, M. le ministre de l'intérieur le 20 mai 1844 :

« Je vous engage à prémunir de nouveau MM. les mai-
« res sur les inconvénients, les dangers même de cer-
« taines transactions qu'ils autorisent quelquefois entre
« les gardes, rédacteurs de procès-verbaux et les parti-
« culiers atteints par ces procès-verbaux. Des maires
« croient pouvoir arrêter les poursuites en exigeant des
« délinquants soit une gratification en faveur du garde,
« soit même le versement d'une somme quelconque, en
« faveur des pauvres de la commune. Sans méconnaître
« les intentions de ces fonctionnaires, on ne peut se dis-
« simuler qu'ils excèdent leurs pouvoirs, qu'ils contre-
« viennent soit à nos lois pénales, soit à nos lois finan-
« cières et qu'ils s'exposeraient à être poursuivis, comme
« concussionnaires, en vertu de la disposition finale des
« lois annuelles de finances — quant aux gardes, faites-
« leur savoir que vous n'hésiterez pas à prononcer la ré-
« vocation de tous ceux qui auraient consenti à se prêter
« à de semblables transactions, sans préjudice des pour-
« suites en prévarication qui pourraient être exercées
« contre eux. »

La loi accorde aux gardes et gendarmes rédacteurs
des procès-verbaux une gratification. (Art. 10.)

Une ordonnance du 5 mai 1845 accorde aux gendarmes, gardes forestiers, gardes pêche, gardes champêtres
et gardes assermentés des particuliers, une gratification
de 8 francs pour les délits prévus par l'article 11, de
15 francs pour ceux prévus par l'article 12 et l'article 13
§ 1er, de 25 francs pour ceux prévus par l'article 3, § 2.
(Art. 1er.)

Cette gratification est due pour chaque amende prononcée (Art. 2) (1); mais il ne doit être alloué qu'une seule gratification lors même que plusieurs agents auraient concouru à la rédaction du procès-verbal. (Art. 4.)

Le droit à la gratification existe par le fait seul de la constatation du délit, il est rendu définitif par la condamnation.

Il est délivré aux agents autres que les gendarmes, au greffe du tribunal ou de la cour, un extrait des jugements rendus sur les procès-verbaux dressés par eux. (Décisions ministérielles, 20 septembre 1820 — 14 août 1821 — 9 juillet 1829.) Ces extraits sont présentés par les agents à la recette générale. Le trésorier-payeur général transmet au préfet un état au moyen duquel on délivre des mandats au nom de l'ayant-droit. (Instruction générale de comptabilité, n°s 2213 et 1830.)

Les gratifications sont payées aux gendarmes par le Conseil d'administration du corps. C'est lui qui dresse un état non timbré et visé par l'intendant militaire, avec les pièces à l'appui des gratifications dues aux gendarmes; le préfet délivre un mandat général sur le vu de cet état. (Décision ministérielle, 19 janvier, 6 novembre 1829.)

§ 5. Dispositions transitoires.

Les délinquants ne pourront être saisis ni désarmés; néanmoins, s'ils sont déguisés ou masqués, s'ils refusent

---

(1) Dans les cas où le tribunal se borne à condamner le délinquant aux frais de la procédure, sans y ajouter l'amende, celui qui a fait le procès a droit à la gratification ; car l'existence du délit est avérée du moment qu'une condamnation, quelle qu'elle soit, a été prononcée contre le délinquant. (Décision, ministres intérieur et finances, 14 juillet 1846.) — Il doit en être de même quand le délit a été commis dans un bois soumis au régime forestier, et que l'administration des forêts a transigé avec le dé-

de faire connaître leurs noms, ou s'ils n'ont pas de domicile connu, ils seront conduits immédiatement devant le maire ou le juge de paix, lequel s'assurera de leur individualité. (Art. 25.)

A l'exemple de l'ancienne législation, la loi de 1844 interdit de désarmer les chasseurs dans le but de prévenir les collisions.

Un garde ou gendarme commet donc un acte illégal en voulant désarmer un chasseur et celui-ci peut résister à la violence qui lui est faite. (Liège, 5 avril 1826.)

De même, hors le cas de flagrant délit, un maire ou un garde ne peuvent fouiller un individu qu'ils soupçonnent coupable d'un délit de chasse; le chasseur est en droit de leur résister. (Amiens, 12 mai 1827 — Paris, 14 février 1876.) On a été jusqu'à juger que la constatation du délit après violence était nulle. (Rouen, 17 avril 1859 — Rennes, 18 mars 1869.)

Quand le chasseur refuse de dire son nom, le garde doit le conduire devant le maire ou le juge de paix; ces magistrats sont chargés de s'assurer de l'individualité du chasseur, mais ils n'ont aucunement le droit de le retenir captif sans se rendre coupables de détention arbitraire. La loi est très formelle, elle défend tout désarmement du chasseur : il a été jugé qu'un garde ne pouvait saisir à un chasseur pendant son sommeil, quand bien même ce chasseur serait un homme connu comme dangereux, son fusil et son gibier. (Grenoble, 11 mars 1879.)

---

linquant avant le jugement définitif, ainsi qu'elle y est autorisée par décision du 22 décembre 1870. (Circulaire de comptabilité générale, nº 107.) — Ce droit existe encore dans le cas où le chef de l'État ferait la remise de l'amende au condamné. (Décision ministérielle, justice et finances, 17 juin 1846.)

Ajoutons encore que tous ces agents chargés de constater les délits ne peuvent faire aucune saisie d'engins prohibés ou aucune perquisition à domicile sans le concours d'un magistrat : un procès-verbal dressé dans ces circonstances est considéré comme nul. (Douai, 4 novembre 1847 — Trib. Épinal, 31 octobre 1844 — Rouen, 13 mars 1845 — Crim., rej., 17 juillet 1858, 21 avril 1864.)

CHAPITRE V

POURSUITE. — JUGEMENT. — PRESCRIPTION.

§ 1. Qui peut poursuivre.

Tous les délits prévus par la présente loi seront poursuivis d'office par le ministère public, sans préjudice du droit conféré aux parties lésées par l'article 182 du Code d'instruction criminelle. Néanmoins, dans le cas de chasse sur le terrain d'autrui sans le consentement du propriétaire, la poursuite d'office ne pourra être exercée par le ministère public, sans une plainte de la partie intéressée, qu'autant que le délit aura été commis, dans un terrain clos, suivant les termes de l'article 2, et attenant à une habitation, ou sur des terres non encore dépouillées de leurs fruits. (Art. 26.)

Cet article contient une dérogation à l'ancienne législation, d'après laquelle les faits de chasse sur le terrain d'autrui ne pouvaient pas être poursuivis d'office par le ministère public, sans une plainte formelle du propriétaire. Du reste, ce n'est que la consécration des principes posés dans les articles 1er et 182 du Code d'instruction criminelle (1).

1) L'action pour l'application des peines n'appartient qu'aux fonctionnaires auxquels elle est confiée par la loi. — L'action ex

Ainsi donc, le ministère public peut poursuivre d'office :

Les faits de chasse et délits commis par un propriétaire sur sa propriété ;

Les faits de chasse sur le terrain d'autrui, alors qu'il
est encore couvert de ses récoltes, pourvu que ce fait ne
soit pas commis par le propriétaire ou avec son consentement. — (Circ. min., 9 mai 1844 — Paris, 7 décembre 1844 — Rouen, 25 octobre 1844.) Cette disposition
de la loi a en vue, non seulement la protection des terres chargées d'une récolte en maturité, mais aussi des
terres mises en état de reproduire et dans lesquelles le
passage du chasseur pourrait nuire aux jeunes plantes
(Crim., rej., 10 juin 1864) ;

Les faits de chasse dans un terrain clos ;

Les faits et délits commis n'importe où en temps prohibé (Crim., cass., 3 novembre 1831, 18 juillet 1834) ;

Les délits commis sur le terrain d'autrui dépouillé de
ses récoltes, mais seulement alors avec le consentement
du propriétaire.

Lors de la discussion, il a été demandé d'ajouter dan
l'article 26 après le mot fruit — pourvu que ces fruits
soient susceptibles d'éprouver un dommage réel par le
fait du chasseur — cet amendement ne fut pas adopté.
C'est donc aux tribunaux qu'il appartient d'apprécier si

---

réparation du dommage causé par un crime, par un délit ou par
une contravention, peut être exercée par tous ceux qui ont souf-
fert de ce dommage. (Art. 1.) Le tribunal sera saisi en matière
correctionnelle, de la connaissance des délits de sa compétence,
soit par le renvoi qui lui en sera fait d'après les articles 130
et 160, soit par la citation donnée directement au prévenu et aux
personnes civilement responsables du délit par la partie civile, et
à l'égard des délits forestiers, par le conservateur, inspecteur ou
sous-inspecteur forestiers, ou par les gardes généraux et dans
tous les cas par le procureur. (Art. 182.)

oui ou non, la terre était couverte de ses fruits et s'il y a délit dans le sens de l'article 26.

Il a été jugé :

Qu'un plan de jeunes osiers ne pouvait être considéré comme une récolte dans le sens de l'article 26 (Grenoble, 19 mars 1846) ;

Ni un champ de pommes de terre ; la pomme de terre étant enfouie dans la terre (Colmar, 16 novembre 1842 — Orléans, 22 octobre 1844) ;

Ni un sainfoin coupé depuis 15 jours (Bourges, 25 novembre 1841) ;

Ni les pois lupins qui doivent être enfouis et servir d'engrais (Grenoble, 11 novembre 1841) ;

Ni une luzerne dont la deuxième coupe est faite, et qui ne sera plus coupée cette année-là. (Crim., rej., 31 janvier 1840.)

Par exemple, il y aurait délit si le fait de chasse se produisait au mois de janvier dans une pièce de blé ensemencée en automne. (Crim., cass., 16 novembre 1837.)

Quant au consentement du propriétaire, nous avons vu dans quelles conditions il était nécessaire. On s'est demandé à ce sujet s'il fallait qu'il y ait plainte pour que l'on puisse poursuivre le délit commis dans un bois de l'État, d'un hospice ou d'une commune. Il a été jugé que le ministère public peut poursuivre d'office quand le délit a été commis dans des bois communaux (Cass., 21 prairial an XI ; 28 janvier 1808 ; 20 septembre 1828 ; 9 janvier 1846), dans des bois appartenant aux hospices (Crim., cass., 6 mars 1840), ou dans des bois soumis au régime forestier (Crim., cass., 23 février et 16 août 1844).

On ne saurait étendre ces exceptions et prétendre que

le ministère public peut poursuivre des faits de chasse commis sur le territoire d'une commune en plaine, sans qu'il y ait eu plainte du maire. (Crim., cass., 10 juillet 1807.)

Il n'en est pas de même du fermier du droit de chasse ; celui-là peut poursuivre les délits quand bien même son bail serait verbal (Metz, 1er mars 1854 — Crim., cass., 13 décembre 1855), ou qu'il n'aurait pas encore acquis date certaine par l'enregistrement (Angers, 27 janvier 1873). S'il y a plusieurs locataires, l'un d'entre eux ne peut poursuivre sans l'assentiment de ses co-locataires. (Metz, 10 février 1864.)

Une fois la plainte portée, l'action publique ne peut plus être arrêtée, alors même que le plaignant s'abstiendrait de venir réclamer à l'audience (Metz, 7 novembre 1824 et 6 août 1824) ou qu'il se désisterait de sa plainte. (Rennes, 11 novembre 1840 — Dijon, 15 janvier 1873.)

La partie lésée a le droit, si elle le veut, d'actionner directement, l'auteur du délit devant la juridiction correctionnelle. (Code, inst. crim., art. 182.) Dans ce cas elle est partie civile et doit constituer avoué.

Peut se porter partie civile le propriétaire, toute partie intéressée comme l'usufruitier, l'emphythéote, le concessionnaire du droit de chasse, le fermier quand la chasse lui a été louée avec la ferme.

Ce droit a été reconnu : — Au fermier qui sans avoir le droit de chasse sur la ferme, aurait subi un dommage par le fait du chasseur (Grenoble, 19 mars 1846 ; Crim., cass., 5 avril 1866) ; — Aux fermiers de chasse, alors même que ce droit aurait été réservé dans le bail par l'administration forestière (Crim., rej., 21 janvier 1837 — Angers, 19 juillet 1869).

A l'administration des forêts, en ce qui concerne les bois soumis au régime forestier (Crim., cass., 28 janvier 1808 — 20 septembre 1828 — 9 janvier 1846 — 7 septembre 1849 — 21 août 1852 — 14 avril 1864 — 27 février 1865 — Rouen, 25 mai 1855 — Orléans, 10 juin 1861 —), que le droit de chasse fût affermé ou non (Crim., cass., 23 mai 1835 et 8 mai 1841), malgré l'absence de plainte du fermier ou du maire (Crim., cass., 23 février 1844 — Rouen, 16 janvier 1868).

L'action civile peut être exercée quoique le délit qui y donne lieu n'ait été l'objet d'aucune action publique.

Par conséquent, qu'aucune suite ne soit donnée au procès-verbal ou qu'aucune condamnation n'intervienne, la personne lésée peut toujours se porter partie civile. L'action civile ne s'éteint que par la prescription ou le désistement de la partie civile.

Lorsqu'une plainte a été adressée au ministère public, il l'examine, et si elle lui paraît évidemment mal fondée ou inspirée par quelque mauvaise passion, plutôt que par le désir légitime d'arriver à la punition d'un fait condamnable, il peut ne pas poursuivre; c'est du reste ce qui a été déclaré à la tribune par M. le garde des sceaux, lors de la discussion de la loi.

§ 2. Quel est le tribunal compétent?

Quel est le tribunal compétent pour connaître des délits de chasse? le tribunal correctionnel. (Crim., cass., 15 mars 1810, 3 avril 1806, 10 octobre 1806, 12 février 1808, 29 décembre 1837.)

Leur compétence s'étend même jusqu'aux délits commis par des militaires ou marins. (Avis Conseil d'État, 4 janvier 1806; Code de l'armée de terre, art. 273; Code de l'armée de mer, art. 372.)

Entre les tribunaux correctionnels, le tribunal compétent est celui de la résidence du délinquant ou celui du lieu où il aura été pris en flagrant délit. (Code inst. crim., art. 69.)

Certaines personnes, en raison de leurs fonctions, ne sont point justiciables de ces tribunaux. Ainsi, les fonctionnaires de l'ordre judiciaire sont soumis à des règles particulières de compétence (Code inst. crim., art. 479 et suivants); les officiers de police judiciaire (Code. inst. crim., art. 483); les gardes champêtres, forestiers et particuliers pris en flagrant délit dans les bois soumis à leur garde (Crim., cass., 9 mars 1838 et 5 août 1841) (1). Le garde particulier, commettant un délit sur un terrain qui n'est pas confié à sa garde, est justiciable du tribunal correctionnel. (Bourges, 13 février 1845; Paris, 30 août 1845.)

§ 3. Du jugement.

Ceux qui auront commis conjointement les délits de chasse seront condamnés solidairement aux amendes, dommages-intérêts et frais. (Art. 27.)

Cet article n'est que la reproduction de la règle générale posée dans l'article 55 du Code pénal.

Pour qu'il y ait lieu à condamnation solidaire, il faut que les délits aient été commis conjointement, c'est-à-

---

(1) Ces fonctionnaires sont jugés par la Cour d'appel (Voir *Code d'instruction criminelle*, livre II, titre IV, chap. III, sect. I et II).

dire que les chasseurs aient concouru au même fait illicite de chasse.

Par exemple, le délit de chasse sans permis ne peut être conjoint ; c'est un fait absolument personnel. (Paris, 24 octobre 1844.)

Dans tous les cas, il y a autant de délits que de personnes et par là même, il doit y avoir autant de condamnations et d'amendes qu'il y a de délinquants. (Crim., cass., 17 juillet 1823.)

La solidarité doit être prononcée bien qu'il y ait entre les délinquants des degrés de culpabilité différents et même des amendes différentes. (Crim., rej., 3 novembre 1827.) On a prétendu, mais à tort selon nous, qu'en présence des dispositions de l'article 27, la solidarité existait de plein droit sans que le tribunal la prononçât.

Le père, la mère, le tuteur, les maîtres et commettants sont civilement responsables des délits de chasse commis par leurs enfants mineurs non mariés, pupilles demeurant avec eux, domestiques ou préposés, sauf tout recours de droit. — Cette responsabilité sera réglée conformément à l'article 1384 du Code civil, et ne s'appliquera qu'aux dommages-intérêts et frais, sans pouvoir toutefois donner lieu à la contrainte par corps. (Art. 28.)

La responsabilité indiquée par cet article est limitée aux dommages-intérêts et à l'amende, mais non à la peine, car elles sont personnelles. (Crim., cass., 26 mai 1836.)

Conformément aux articles 162, 194 et 368 du Code d'instruction criminelle, nous pensons que l'individu acquitté ne peut être condamné aux dépens. (Bordeaux, 17 janvier 1839 ; Metz, 9 février 1824 ; Crim., rej., 6 mars 1846.)

Le jugement peut condamner à des dommages-intérêts ; mais il est de jurisprudence constante que l'on ne peut statuer sur ce point que quand les personnes poursuivies ont été reconnues coupables. (Crim., cass., 13 juillet 1810.)

Les jugements rendus sur délits de chasse doivent être rendus dans les formes de tous les jugements correctionnels. Ils sont susceptibles d'être attaqués par opposition, appel, ou par la voie de la cassation, conformément aux règles de droit commun.

§ 4. Prescription.

Toute action relative aux délits prévus par la présente loi, sera prescrite par le laps de trois mois, à compter du jour du délit. (Art. 29.)

Cette disposition est générale et sans restriction.

Le délai de trois mois ne se compte pas par 30 jours, mais de quantième à quantième suivant le calendrier grégorien. (Crim., cass., 27 décembre 1811 ; Nancy, 28 janvier 1846.)

Quel jour doit être considéré comme celui du délit, afin de pouvoir donner un point de départ à la prescription ? celui du jour de la constatation du délit. (Crim., cass., 10 janvier 1845.)

La prescription peut être interrompue par tous actes de justice, comme audition de témoins, citation ; il faut seulement alors que la citation à comparaître ait été donnée avant l'expiration des trois mois (Code inst. crim., art. 637 et suivants ; — Crim., cass., 28 décembre, 1809, 11 novembre 1825, 25 février 1819, 20 et 26 juin 1841, 3 avril 1862 ; — Rouen, 28 février 1844). Cet effet est produit même quand la citation a été donnée pour comparaître devant un tribunal incompétent. (Crim., cass., 13 janvier 1837, 10 mai 1838, 5 avril 1839, 7 septembre 1849 — Rouen, 12 novembre 1838 — Orléans, 31 décembre 1835.)

Il a même été jugé que l'effet était le même quand la citation avait été signifiée au prévenu par des agents forestiers. (Crim., cass., 7 septembre 1849.)

Mais il y a des actes qui, malgré leur relation avec l'instruction de l'affaire n'ont pas le caractère voulu pour interrompre la prescription ; par exemple, la rédaction d'un second procès-verbal ayant pour but d'indiquer le nom du délinquant ou autre chose (Crim., rej., 7 avril 1837) ; la requête présentée par le procureur général au premier président pour savoir quel jour il faudra citer des prévenus justiciables de la cour, des actes faits par un magistrat incompétent. (Crim., rej., 11 mars 1819, 30 avril 1830.)

On reconnaît cependant généralement que la citation faite à un coprévenu (Rouen, 28 février 1845) ou la condamnation d'un prévenu (Dijon, 31 décembre 1872) interrompent la prescription en faveur des coprévenus ou coauteurs non connus du même délit.

La prescription est interrompue de plein droit si un jugement renvoie les parties devant les tribunaux civils pour faire trancher une question préjudicielle. (*Contra non valentem agere non currit prescriptio.*)

La prescription du droit de chasse une fois interrompue par une action intentée en temps utile, ne peut plus être acquise que par le laps de 3 ans écoulé sans poursuites, conformément aux règles de droit commun,

(Code. inst. crim., art. 637, 638) — (Crim., cass. 20 et 27 septembre 1828 ; — Crim., rej., 5 et 26 juin 1841.)

L'action civile résultant d'un délit de chasse se prescrit dans le même délai que l'action publique. (*Omnes actiones quæ tempore pereunt, semel inclusæ judicio salvæ permanent.*)

CHAPITRE VI

DES PEINES

Art. 11. — Seront punis d'une amende de 16 à 100 francs :

1° Ceux qui auront chassé sans permis de chasse ;

2° Ceux qui auront chassé sur le terrain d'autrui sans le consentement du propriétaire. — L'amende pourra être portée au double si le délit a été commis sur un terrain entouré d'une clôture continue faisant obstacle à toute communication avec les héritages voisins, mais non attenant à une habitation. — Pourra ne pas être considéré comme délit de chasse le fait du passage des chiens courants sur l'héritage d'autrui, lorsque ces chiens seront à la suite d'un gibier lancé sur la propriété de leurs maîtres, sauf l'action civile, s'il y a lieu, en cas de dommage ;

3° Ceux qui auront contrevenu aux arrêtés des préfets concernant les oiseaux de passage, le gibier d'eau, la chasse en temps de neige, l'emploi des chiens lévriers, ou aux arrêtés concernant la destruction des oiseaux et celle des animaux nuisibles ou malfaisants ;

4° Ceux qui auront pris ou détruit sur le terrain d'autrui, des œufs ou couvées de faisans, de perdrix ou de cailles;

5° Les fermiers de la chasse, soit dans les bois soumis au régime forestier, soit sur les propriétés dont la chasse est louée au profit des communes ou établissements publics, qui auront contrevenu aux clauses et conditions de leurs cahiers de charges relatives à la chasse.

A propos du fait de chasse sur le terrain d'autrui, on s'est demandé s'il fallait qu'il soit exécuté *sciemment* pour qu'il y ait lieu à délit. Lors de la discussion, l'introduction de ce mot dans l'article 11 a été refusé et avec raison. La loi de 1844 range les délits de chasse non dans la classe des délits proprement dits, matière dans laquelle l'intention coupable de l'agent est un des éléments essentiels, mais dans la catégorie des contraventions qui sont punissables dès qu'elles ont été matériellement commises et abstraction faite de l'intention qu'a eu l'agent lors de sa perpétration. La bonne foi ne peut sauver en cette matière, le caractère légal du fait résulte de sa nature; tout fait illégal constitue une contravention. (Crim., cass., 12 avril 1845, 17 juillet 1857, 6 décembre 1867, 15 décembre 1870 — Limoges, 8 décembre 1849 — Rouen, 4 décembre 1873 — Paris, 6 décembre 1873.)

Art. 2. Seront punis d'une amende de 50 à 200 francs, et pourront en outre l'être d'un emprisonnement de 6 jours à 2 mois :

1° Ceux qui auront chassé en temps prohibé;

2° Ceux qui auront chassé pendant la nuit ou à l'aide d'engins et instruments prohibés, ou par d'autres moyens que ceux qui sont autorisés par l'article 9 ;

3° Ceux qui seront détenteurs ou qui seront trouvés munis ou porteurs, hors de leur domicile, de filets, engins ou autres instruments de chasse prohibés;

4° Ceux qui, en temps où la chasse est prohibée, auront mis en vente, vendu, acheté, transporté ou colporté du gibier;

5° Ceux qui auront employé des drogues ou appâts qui sont de nature à enivrer le gibier ou à le détruire;

6° Ceux qui auront chassé avec appeaux, appelans ou chanterelles.

Les peines déterminées par le présent article, pourront être portées au double contre ceux qui auront chassé pendant la nuit, sur le terrain d'autrui et par l'un des moyens spécifiés au paragraphe 2, si les chasseurs étaient munis d'une arme apparente ou cachée.

La loi sur la pêche fluviale ne punit que les individus trouvés munis ou porteurs, hors de leurs domiciles, de filets et engins prohibés. La loi sur la chasse va plus loin. Elle punit ceux qui en sont possesseurs et les détiennent dans leurs domiciles. Il a été reconnu qu'une demi - mesure serait insuffisante; que les braconniers qui font usage de ces immenses filets, à l'aide desquels on détruit des compagnies entières de perdreaux, n'auraient jamais l'imprudence de se montrer porteurs, en plein jour, de ces instruments de délit, et que, pour atteindre sûrement le but que l'on voulait se proposer, il était nécessaire de rechercher les filets et les engins prohibés jusque dans leurs domiciles. L'exécution de la disposition dont il s'agit ne peut faire craindre d'abus. Les visites domiciliaires, pour constater la détention des instruments de chasse prohibés, ne devront avoir lieu, comme pour les délits ordinaires, que sur la réquisition du ministère public et en vertu d'une ordonnance du juge d'instruction. — (Circulaire ministre justice, 9 mai 1844.)

Les peines déterminées par les articles 11 et 12 seront toujours portées au maximum, lorsque les délits auront été commis par les gardes champêtres ou forestiers des communes, ainsi que par les gardes forestiers de l'Etat et des établissements publics (art. 12 *in fine*). La jurisprudence a établi que le dernier paragraphe de l'article 11 ne pouvait s'appliquer aux gardes particuliers Crim., rej. 17 août 1860 (Nancy, 18 novembre 1867), et aux gardes pêche (Aix, 16 mars 1874); mais, en revanche, il s'applique aux gardes champêtres et forestiers en quelque lieu qu'ils commettent le délit. (Crim., cass., 14 novembre 1844.)

Art. 13. Celui qui aura chassé sur le terrain d'autrui sans son consentement, si ce terrain est attenant à une maison habitée ou servant à l'habitation, et s'il est entouré d'une clôture continue faisant obstacle à toute communication avec les héritages voisins, sera puni d'une amende de 50 à 300 francs, et pourra l'être d'un emprisonnement de 6 jours à 3 mois. Si le délit a été commis pendant la nuit, le délinquant sera puni d'une amende de 100 à 1,000 francs, et pourra l'être d'un emprisonnement de 3 mois à 2 ans, sans préjudice, dans l'un et l'autre cas, s'il y a lieu, de plus fortes peines prononcées par le Code pénal.

Le délit de chasse commis dans ces circonstances sort de la classe ordinaire des infractions de ce genre. Lorsqu'il est encore aggravé par la circonstance de la nuit, on doit le punir d'autant plus sévèrement qu'il annonce dans ses auteurs une audace qui ne reculera pas devant des actes de violence et même devant un meurtre.

Art. 14. Les peines déterminées par les trois articles qui précèdent pourront être portées au double si le délinquant était en état de récidive, ou s'il était déguisé ou masqué, s'il a pris un faux nom, s'il a usé de violences envers les personnes, ou s'il a fait des menaces, sans préjudice, s'il y a lieu, de plus fortes peines prononcées par la loi. Lorsqu'il y aura récidive, dans les cas prévus à l'article 11, la peine de l'emprisonnement de 6 jours à 3 mois pourra être appliquée si le délinquant n'a pas satisfait aux condamnations précédentes.

Cet article nous parle du cas où le délinquant donne un faux nom, on aurait voulu, lors de la discussion, ajouter encore ces mots : où s'il refuse de dire son nom. Cette disposition fut trouvée beaucoup trop sévère; du reste, la jurisprudence n'admet pas que ce soit un cas punissable.

La prison est facultative pour les juges, c'est la loi ; mais l'amende doit toujours être prononcée, à peine de nullité, quand le délit est reconnu. (Crim.. cass., 13 octobre 1808.)

Art. 15. Il y a récidive lorsque, dans les 12 mois qui ont précédé l'infraction, le délinquant a été condamné en vertu de la présente loi.

Pour qu'il y ait récidive il faut donc :

1° Qu'il y ait eu condamnation et condamnation devenue irrévocable;

2° Que la nouvelle infraction ait lieu dans les 12 mois qui suivent la condamnation ;

3° Que cette première condamnation ait été prononcée en vertu de la loi sur la chasse.

. Dans ce cas spécial, les conditions générales exigées en cette matière n'ont pas besoin d'être remplies, et surtout il n'est pas nécessaire que le délit ait été commis dans le ressort du même tribunal. (Code pénal, art. 483.)

Art. 16. Tout jugement de condamnation prononcera la confiscation des filets, engins et autres instruments de chasse. Il ordonnera, en outre, la destruction des engins de chasse prohibés. Il prononcera également la confiscation des armes, excepté dans le cas où le délit aura été commis par un individu muni d'un permis de chasse, dans le temps où la chasse est autorisée. Si les armes, filets, engins ou autres instruments de chasse n'ont pas été saisis, le délinquant sera condamné à les représenter ou à en payer la valeur, suivant la fixation qui en sera faite par le jugement, sans qu'elle puisse être au-dessous de 50 francs. Les armes, engins ou autres instruments de chasse abandonnés par les délinquants restés inconnus, seront saisis et déposés au greffe du tribunal compétent. La confiscation et, s'il y a lieu, la destruction en seront ordonnées sur le vu du procès verbal. Dans tous les cas, la quotité des dommages-intérêts est laissée à l'appréciation des tribunaux.

L'article 16 a tracé les règles à suivre pour la confiscation des instruments de chasse, la destruction de ceux de ces instruments qui sont prohibés et ne peuvent jamais servir que pour commettre des délits, et la représentation des armes, filets et engins qui n'ont pu être saisis. Ses dispositions sont claires et complètes. Je ne ferai, sur cet article, qu'une seule observation. La peine de la confiscation qu'il prononce ne doit pas être une peine illusoire. Pour qu'elle soit efficace, il faut que les armes et les instruments du délit qui seront déposés au greffe, par suite de la confiscation, ne soient pas des fusils hors de service, des instruments qui n'ont pas pu être employés à commettre le délit. Les agents chargés de verbaliser, en matière de chasse, devront être invités à désigner aussi exactement que possible les armes et les autres instruments dont les délinquants auront été trouvés porteurs, et vos substituts devront veiller à ce que les jugements qui auront ordonné la confiscation et le dépôt au greffe des objets décrits soient strictement exécutés. (Circulaire ministre de la justice, 9 mai 1844.)

C'est en vertu des dispositions contenues dans cet article qu'il a été jugé : 1° que le fusil ne pouvait être confisqué quand l'auteur du délit était porteur d'un permis et que la chasse était ouverte (Nancy, 17 décembre 1844); 2° que le fusil devait être confisqué quand le délit était commis en temps prohibé, même momentanément en temps de neige, que son auteur soit ou non muni d'un permis. (Crim., cass., 3 juillet 1845, 3 janvier 1846, 4 mai 1848. — Caen, 30 janvier 1845, 27 février 1845. — Bourges, 13 février 1845. — Riom, 19 janvier 1876. — Besançon, 20 janvier 1876.)

Art 17. En cas de conviction de plusieurs délits prévus par la présente loi, par le Code pénal ordinaire ou par les lois spéciales, la peine la plus forte sera seule prononcée. Les peines encourues pour des faits postérieurs à la déclaration du procès-verbal de contravention pourront être cumulées, s'il y a lieu, sans préjudice des peines de la récidive.

Art. 18. En cas de condamnation pour délits prévus par la présente loi, les tribunaux pourront priver le délinquant du droit d'obtenir un permis de chasse pour un temps qui n'excédera pas cinq ans.

Art. 20. L'article 463 du Code pénal (Circonstances atténuantes) ne sera pas applicable aux délits prévus par la présente loi.

On a pu se demander, l'intention est-elle un des éléments du délit de chasse ?

On a prétendu que l'article 463 du Code pénal était de droit commun et devait être appliqué, cependant l'article 20 est bien formel. Voici ce qui a été dit à ce sujet à la Chambre des pairs : « La raison de distinguer entre la « matière qui nous occupe et les matières de droit com- « mun, qualifiées et punies par le Code pénal, est sail- « lante. Qu'est-ce que les circonstances atténuantes dans « les matières où l'intention n'est rien? Dans les délits « de droit commun, la question intentionnelle est tout. « Ici c'est le fait même de la chasse que l'on punit et on « ne se préoccupe pas de la question intentionnelle. Voilà « pourquoi dans les matières du grand comme du petit « criminel, on a laissé au juge une pleine et entière « appréciation de l'intention, c'est par suite de l'appré- « ciation de cette question que le juge admet ou non les « circonstances atténuantes; mais dans toutes les ma- « tières où il n'y a pas de question d'intention à exami- « ner, je ne comprends pas les circonstances atténuantes. « Jamais une telle question n'est soulevée, n'est exami- « née en matière de contravention. Or, les faits de chasse, « bien que qualifiés délits et punis de peines correction- « nelles ne sont véritablement pas des délits, mais des

« contraventions, des infractions aux prescriptions de la
« loi. Encore une fois donc, les questions intentionnelles
« sont en dehors d'une telle législation. Il en est ainsi
« dans toutes les matières spéciales ; ainsi, par exemple,
« on lit dans l'article 203 du Code forestier : les tribu-
« naux ne pourront appliquer aux matières réglées par
« le présent Code les dispositions de l'article 463 du
« Code pénal. Dans les infractions en matière de contri-
« butions indirectes, en matière de douanes, il n'y a pas
« de circonstances atténuantes parce qu'il n'y a pas de
« question d'intention : nous avons cru qu'il devait en
« être de même en matière de chasse. Nous avons ce-
« pendant atténué les peines et adouci le projet dans
« plusieurs de ses dispositions et dans son ensemble ; je
« rappelle notamment que nous avons rendu l'empri-
« sonnement facultatif dans tous les cas (Rapport). »

Une autre question a dû aussi se présenter à l'esprit
des juges. Les règles générales de la complicité sont-
elles applicables aux délits de chasse ? Nous croyons et
la jurisprudence semble consacrer cette idée qu'il n'y a
aucune raison sérieuse d'en douter. (Code pénal, art. 60
et suivants. — Rouen, 4 décembre 1873. — Crim., cass.,
6 décembre 1839.) Il a été jugé qu'un traqueur assistant
un chasseur dans une chasse délictueuse (Rouen, 26 avril
1849 — Crim., cass., 15 décembre 1870, 16 janvier
1872) ; qu'une personne qui achète du gibier, sachant qu'il
a été tué délictueusement (Amiens, 13 janvier 1853) ;
qu'une personne qui reçoit et conserve des œufs de perdrix, connaissant leur provenance délictueuse (Crim. cass.
20 janvier 1877) ; qu'une personne trouvée recéleuse de
gibier si elle en connaît la provenance, et quand même l'au-

teur du délit serait inconnu (Trib., Blois, 10 novembre 1876); et dans certains cas, celui qui vous aide dans une tendue (Dijon, 9 décembre 1874) sont complices du délit.

Recouvrement des amendes : leur répartition.

Les amendes de chasse sont recouvrées par les percepteurs des contributions directes sous le contrôle et la responsabilité des receveurs des finances, conformément à l'article 25 de la loi du 29 décembre 1873 (1).

Le recouvrement des amendes ne peut avoir lieu qu'autant que les condamnations sont devenues définitives et que les jugements ont acquis l'autorité de la chose jugée par l'expiration des délais d'opposition et d'appel. Les jugements par défaut bien que signifiés aux parquets sont susceptibles d'opposition jusqu'à l'expiration du délai de prescription de la peine, mais on peut néanmoins en suivre le recouvrement sauf à interrompre les poursuites si le débiteur fait opposition.

Les amendes sont recouvrées en vertu d'un extrait du jugement délivré par le greffier du tribunal ou de la cour et adressé au trésorier-payeur général du département. Après en avoir pris note sur un registre spécial, le trésorier transmet cet extrait au receveur particulier qui lui-même le fait parvenir au percepteur.

Celui-ci avertit le délinquant de la condamnation qui a été prononcée contre lui, et lui enjoint de payer au moyen des avertissements usités en matière de contributions directes.

Si la partie paie la somme indiquée, le percepteur l'inscrit sur son carnet d'émargement. Si au contraire elle refuse de payer, le percepteur envoie au juge de

---

(1) Instruction, ministre des finances du 20 septembre 1875.

paix ou au commissaire de police l'état des non payants. Si la signification est nécessaire on en avertit le trésorier payeur général.

Si les condamnés persistent à ne pas payer l'amende, les poursuites ont lieu par voie de commandement, de saisie, de vente et enfin de contrainte par corps.

Les amendes recouvrées sont versées par les percepteurs dans la caisse du trésorier-payeur général et y sont centralisées, distraction faite de leurs remises ou taxation. (Art. 5, ordonnance du 30 décembre 1823.)

Le produit des amendes forme donc un fonds spécial qui est applicable :

1° Aux remboursements des frais de poursuite tombés en non valeurs, soit en matière de police correctionnelle, soit en matière de simple police ;

2° Au paiement des droits qui sont dus aux greffiers des tribunaux pour les relevés des jugements devant servir au recouvrement des amendes ;

3° Au service des enfants trouvés et abandonnés, jusqu'à concurrence du tiers du produit excédant lesdits frais ;

4° Et pour les deux autres tiers aux dépenses des communes qui éprouveront le plus de besoins (1).

Les préfets étaient chargés autrefois de faire cette répartition entre les communes. Actuellement elle est faite chaque année par la commission départementale en vertu des droits qui lui sont conférés par l'article 81 de la loi du 10 août 1871.

---

(1) Sont ajoutés au principal de l'amende 2 décimes 1/2, ils appartiennent en entier à l'État, qui prélève en outre 5 0/0 pour frais de régie sur les amendes ou portions d'amendes attribuées.

CHAPITRE VII

DISPOSITIONS TRANSITOIRES

L'article 31 de la loi du 3 mai 1844, abolit toutes les lois et décrets réglementant la chasse à cette époque.

L'article 30 nous apprend que les propriétés de la couronne ne sont pas régies par cette loi. La chasse dans ces propriétés n'est soumise qu'aux règles édictées par l'administration de la liste civile (1).

Bien entendu, la liste civile ne pourra ni vendre, ni colporter le gibier tué dans les propriétés de la couronne quand la chasse est fermée dans le département dans lequel elles se trouvent, mais ce gibier pourra être transporté pour le service de la couronne.

Ces exceptions ne s'étendent pas aux propriétés particulières du chef de l'Etat ; elles ne concernent que les biens immobiliers de la liste civile. (Loi, 2 mars 1832, art. 2 et 4.)

CHAPITRE VIII

DE LA LOUVETERIE

La louveterie a été organisée en vue de détruire les loups et autres animaux malfaisants.

Son institution remonte au xvie siècle, l'édit de janvier 1583, est le premier règlement qui fut pris sur cette

---

(1) Mais les personnes qui commettraient des délits dans ces propriétés seraient poursuivies conformément aux prescriptions contenues aux titres II et III de la présente loi.

matière, la loi de 1844 n'a point abrogé les lois et règlements antérieurs (1).

Avant 1830, la louveterie était dans les attributions du grand veneur, qui nommait les lieutenants de louveterie. Au moment de la suppression du grand veneur, ils furent nommés par l'administration des forêts (1830). Ce droit revint au chef de l'Etat en 1844, et enfin le décret de décentralisation du 25 mars 1852 mit les lieutenants de louveterie à la nomination du préfet.

Ces commissions honorifiques doivent être retirées si les lieutenants ne justifient pas de la destruction des loups. (Règlement, août 1814.)

Tous les ans, sur la proposition et l'avis du conservateur des forêts, le préfet renouvelle la commission de lieutenant de louveterie.

Les lieutenants sont tenus d'entretenir à leurs frais un équipage de chasse composé au moins d'un piqueur, de deux valets de limiers, d'un valet de chien, 10 chiens courants et quatre limiers. Ils sont tenus de se procurer les pièges nécessaires pour la destruction des loups, renards et autres animaux nuisibles, dans la proportion des besoins.

Dans les endroits que fréquentent les loups, le travail principal de l'équipage doit être de les détourner, d'entourer les enceintes avec les gardes forestiers et de les faire tirer au lancé; on découple si cela est nécessaire, car il est très rare de pouvoir forcer un loup.

---

(1) Édit de janvier 1583 ; — arrêt du conseil, 26 février 1697 — arrêt du conseil, 15 janvier 1785 ; — arrêt du Directoire, 19 pluviôse an V ; — loi du 10 messidor an V ; — règlement du 20 août 1814 ; — ordonnance du 18 août 1832, art. 4 et 5 ; — ordonnance du 21 décembre 1844.

Au surplus, les lieutenants doivent présenter dans des rapports leurs idées sur la destruction de ces animaux.

Dans le temps où la chasse à courre n'est plus permise, ils doivent particulièrement s'occuper à faire tendre des pièges avec les précautions d'usage, faire détourner les loups, et, après avoir entouré les enceintes, les attaquer à traits de limiers sans se servir de l'équipage qu'il est défendu de découpler; enfin, ils doivent faire rechercher avec grand soin les portées des louves.

Quand les lieutenants de louveterie ou les conservateurs des forêts jugeront utile de faire des battues, ils en feront la demande au préfet (1). Ces chasses seront alors ordonnées par le préfet (ou le sous-préfet), commandées et dirigées par les lieutenants de louveterie qui. de concert avec le préfet et le conservateur des forêts ont fixé le lieu et le jour de la chasse, ainsi que le nombre d'hommes nécessaires pour traquer et entourer les enceintes.

Tous les habitants sont invités à détruire les loups et à les tuer sur leurs propriétés. Les départements accordent une prime à ceux qui peuvent faire la preuve de la destruction d'un de ces animaux (2). Une circulaire ministérielle du 9 mars 1841, décide que le mandat pour toucher une prime, ne pourra être délivré que sur le vu d'un certificat du maire de la commune constatant que le loup a été tué, qu'il l'a vu et qu'il a été fait les mutilations exigées par la loi (3).

Attendu que la chasse du loup qui doit spécialement

---

(1) Ce droit appartient aussi aux maires chargés de veiller à la sécurité des campagnes.

(2) Le conseil général vote les fonds nécessaires à cet effet et les préfets fixent le montant de la prime. Décret, 13 avril 1861.

(3) Ces mutilations exigées par le ministre quand le gouvernement payait les primes, sont maintenant laissées à l'appréciation du préfet de chaque département.

occuper les louvetiers ne fournit pas toujours l'occasion de tenir les chiens en haleine, ils ont le droit de chasser à courre deux fois par mois dans les forêts de l'Etat faisant partie de leur arrondissement le sanglier, mais ils ne peuvent le tirer que quand il tient tête aux chiens. — Cette autorisation ne saurait s'étendre aux bois communaux et encore moins aux bois des particuliers (Ordonnance 24 juillet 1832, art. 6) ; par conséquent, ils ne peuvent suivre sur le terrain d'autrui, sans son consentement, un sanglier que quand ils agissent sous la surveillance des agents forestiers. (Trib., Châtillon-sur-Seine, 2 août 1860.)

En terminant cette étude, nous croyons utile de faire connaître l'état de la jurisprudence sur cette question.

Le préfet ne peut donner au louvetier une autorisation permanente et générale de chasse. (Lettre ministre intérieur, 13 décembre 1860. — Circulaires, 1er mars et 11 avril 1865.)

Les lieutenants de louveterie ne peuvent faire des chasses aux animaux nuisibles dans les bois de l'Etat en se contentant d'avertir l'administration forestière (Arrêté du 19 pluviôse an v, art. 5. — Décret du 25 mars 1852, art. 5. — Crim., cass., 6 juillet 1861. — Angers, 27 septembre 1861). L'opportunité de ces chasses doit être constatée par l'administration forestière, et le préfet seul peut indiquer le nombre de traqueurs et de fusils qui y prendront part. C'est à l'administration forestière qu'il revient de s'entendre à ce sujet avec les administrations locales qui n'ont aucun concours à fournir si le lieutenant a sous la main les traqueurs ou les fusils nécessaires. (Crim., rej., 21 janvier 1864.)

Le lieutenant doit exécuter au mot les arrêtés du préfet ordonnant des battues, il ne peut se dispenser du concours des agents forestiers ou chasser à courre quand il s'agit d'une battue (Poitiers, 29 mai 1843). Les agents forestiers sont nécessaires pour la surveillance de la chasse, et le louvetier qui chasserait dans ces conditions dans un bois de particulier ou qui y passerait avec chiens et fusil sans les agents forestiers et sans le consentement du propriétaire, commettrait un délit. (Crim., rej., 30 juin 1841 et 12 juin 1847.)

Dans les battues ainsi ordonnées le gibier appartient à celui qui le tue et non au fermier de la chasse. (Req., 22 juin 1843.)

Le louvetier n'a pas le droit de chasser le sanglier dans les bois des particuliers sans un ordre exprès du préfet (Poitiers, 29 mai 1843. — Crim., cass., 3 janvier 1840). Cet ordre est très légal quand les sangliers sont en très grand nombre et commettent des dégâts sur le territoire d'une commune. (Crim., rej.. 21 janvier 1864.)

Quand une chasse est autorisée sur le territoire d'une commune, le louvetier ne dépasse pas ses droits en suivant l'animal chassé sur le territoire d'autres communes, surtout quand elles sont comprises dans sa circonscription. (Bourges, 24 mars 1870.)

Quand le préfet ordonne une battue, les habitants nommés dans l'arrêté comme traqueurs doivent assister à la chasse sous peine de 10 francs d'amende. (Arrêts du conseil, 26 février 1697 et 14 janvier 1698. — Arrêté du 19 pluviôse an v. — Crim., cass., 13 brumaire an xi. — Crim., rej., 17 mai 1866. — Tribunal de police de Vaucouleurs, 2 août 1861.) Bien entendu, si un délit uelconque est commis pendant la chasse, les traqueurs ne sauraient en être rendus responsables. (Crim., cass., 1ᵉʳ février 1850. — Nancy, 11 mai 1850. — Besançon, 27 août 1868.)

Les lieutenants de louveterie ont le droit de porter un uniforme ; nous en donnons la description à titre de renseignement :

Uniforme du louvetier. — Habit bleu, droit, à la française, avec collet et parements de velours bleu pareil, galonné sur le devant et au collet, poches à la française et en pointe également galonnées, parements en pointe, avec deux chevrons pour les lieutenants. Le galon sera en or et argent : bouton de métal jaune sur lequel sera empreint un loup. — Veste et culotte chamois. — Chapeau retapé à la française avec ganse or et argent. — Couteau de chasse en argent avec une ceinture en buffle jaune galonnée comme l'habit. — Bottes à l'écuyère. — Eperons plaqués en argent.

Uniforme des piqueurs. — L'habit sera le même que celui des officiers, excepté que le bouton sera en métal blanc et que le galon sera de un tiers d'or sur deux tiers d'argent.

Harnachement du cheval. — Bride à la française avec bossette, sur laquelle sera un loup. — Bridon de cuir noir. — Selle à la française en volague blanc ou en velours cramoisi. — Housse cramoisie garnie en galons or et argent. — Croupière noire unie et la boucle plaquée. — Etriers noirs vernis. — Martingale noire unie. — Sangles à la française.

APPENDICE

I

LOI du 3 mai 1844 sur la police de la chasse, promulguée le 4 mai 1844.

LOUIS-PHILIPPE, Roi des Français,
A tous présents et à venir, salut.

Nous avons proposé, les Chambres ont adopté, nous avons ordonné et ordonnons ce qui suit :

SECTION PREMIÈRE.

De l'exercice du droit de chasse.

Article premier.

Nul ne pourra chasser, sauf les exceptions ci-après, si la chasse n'est pas ouverte, et s'il ne lui a pas été délivré un permis de chasse par l'autorité compétente.

Nul n'aura la faculté de chasser sur la propriété d'autrui sans le consentement du propriétaire ou de ses ayants droit.

Art. 2.

Le propriétaire ou possesseur peut chasser ou faire chasser en tout temps, sans permis de chasse, dans ses possessions attenant à une habitation et entourées d'une clôture continue faisant obstacle à toute communication avec les héritages voisins.

Art. 3.

Les préfets détermineront, par des arrêtés publiés au moins dix jours à l'avance, l'époque de l'ouverture et celle de la clôture de la chasse, dans chaque département.

Art. 4.

Dans chaque département il est interdit de mettre en vente, de vendre, d'acheter, de transporter et de colporter du gibier pendant le temps où la chasse n'y est pas permise.

En cas d'infraction à cette disposition, le gibier sera

saisi, et immédiatement livré à l'établissement de bienfaisance le plus voisin, en vertu soit d'une ordonnance du juge de paix, si la saisie a eu lieu au chef-lieu de canton, soit d'une autorisation du maire, si le juge de paix est absent, ou si la saisie a été faite dans une commune autre que celle du chef-lieu. Cette ordonnance ou cette autorisation sera délivrée sur la requète des agents ou gardes qui auront opéré la saisie, et sur la présentation du procès-verbal régulièrement dressé.

La recherche du gibier ne pourra être faite à domicile que chez les aubergistes, chez les marchands de comestibles et dans les lieux ouverts au public.

Il est interdit de prendre ou de détruire, sur le terrain d'autrui, des œufs et des couvées de faisans, de perdrix et de cailles.

Art. 5.

Les permis de chasse seront délivrés, sur l'avis du maire et du sous-préfet, par le préfet du département dans lequel celui qui en fera la demande aura sa résidence ou son domicile.

La délivrance des permis de chasse donnera lieu au paiement d'un droit de quinze francs (15 fr.) au profit de l'Etat, et de dix francs (10 fr.) au profit de la commune dont le maire aura donné l'avis énoncé au paragraphe précédent.

Les permis de chasse seront personnels; ils seront valables pour tout le Royaume, et pour un an seulement.

Art. 6.

Le préfet pourra refuser le permis de chasse :

1° A tout individu majeur qui ne sera point personnellement inscrit, ou dont le père ou la mère ne serait pas inscrit au rôle des contributions ;

2° A tout individu qui, par une condamnation judiciaire, a été privé de l'un ou de plusieurs des droits énumérés dans l'article 42 du Code pénal, autres que le droit de port d'armes ;

3° A tout condamné à un emprisonnement de plus de six mois pour rébellion ou violence envers les agents de l'autorité publique ;

4° A tout condamné pour délit d'association illicite, de

6

fabrication, débit, distribution de poudre, armes ou autres munitions de guerre ; de menaces écrites ou de menaces verbales avec ordre ou sous condition ; d'entraves à la circulation des grains ; de dévastations d'arbres ou de récoltes sur pied, de plants venus naturellement ou fait de main d'homme ;

5° A ceux qui auront été condamnés pour vagabondage, mendicité, vol, escroquerie ou abus de confiance.

La faculté de refuser le permis de chasse aux condamnés dont il est question dans les paragraphes 3, 4 et 5 cessera cinq ans après l'expiration de la peine.

Art. 7.

e permis de chasse ne sera pas délivré :

1° Aux mineurs qui n'auront pas seize ans accomplis ;

2° Aux mineurs de seize à vingt et un ans, à moins que le permis ne soit demandé pour eux par leur père, mère, tuteur ou curateur, porté au rôle des contributions ;

3° Aux interdits ;

4° Aux gardes champêtres ou forestiers des communes et établissements publics, ainsi qu'aux gardes forestiers de l'Etat et aux gardes-pêche.

Art. 8.

Le permis de chasse ne sera pas accordé :

1° A ceux qui, par suite de condamnations, sont privés du droit de port d'armes ;

2° A ceux qui n'auront pas exécuté les condamnations prononcées contre eux pour l'un des délits prévus par la présente loi ;

3° A tout condamné placé sous la surveillance de la haute police.

Art. 9.

Dans le temps où la chasse est ouverte, le permis donne, à celui qui l'a obtenu, le droit de chasser de jour, à tir et à courre, sur ses propres terres, et sur les terres d'autrui avec le consentement de celui à qui le droit de chasse appartient.

Tous autres moyens de chasse, à l'exception des furets et des bourses destinés à prendre le lapin, sont formellement prohibés.

Néanmoins les préfets des départements, sur l'avis des conseils généraux, prendront des arrêtés pour déterminer :

1° L'époque de la chasse des oiseaux de passage, autres que la caille, et les modes et procédés de cette chasse ;

2° Le temps pendant lequel il sera permis de chasser le gibier d'eau, dans les marais, sur les étangs, fleuves et rivières ;

3° Les espèces d'animaux malfaisants ou nuisibles que le propriétaire, possesseur ou fermier, pourra en tout temps détruire sur ses terres, et les conditions de l'exercice de ce droit, sans préjudice du droit appartenant au propriétaire ou au fermier de repousser ou de détruire, même avec des armes à feu, les bêtes fauves qui porteraient dommage à ses propriétés.

Ils pourront prendre également des arrêtés :

1° Pour prévenir la destruction des oiseaux ;

2° Pour autoriser l'emploi des chiens lévriers pour la destruction des animaux malfaisants ou nuisibles ;

3° Pour interdire la chasse pendant les temps de neige.

Art. 10.

Des ordonnances royales détermineront la gratification qui sera accordée aux gardes et gendarmes rédacteurs des procès-verbaux ayant pour objet de constater les délits.

SECTION II.

Des peines.

Art. 11.

Seront punis d'une amende de seize à cent francs :

1° Ceux qui auront chassé sans permis de chasse ;

2° Ceux qui auront chassé sur le terrain d'autrui sans le consentement du propriétaire.

L'amende pourra être portée au double si le délit a été commis sur des terres non dépouillées de leurs fruits, ou s'il a été commis sur un terrain entouré d'une clôture continue faisant obstacle à toute communication avec les héritages voisins, mais non attenant à une habitation.

Pourra ne pas être considéré comme délit de chasse le

fait du passage des chiens courants sur l'héritage d'autrui, lorsque ces chiens seront à la suite d'un gibier lancé sur la propriété de leurs maîtres, sauf l'action civile, s'il y a lieu, en cas de dommage ;

3° Ceux qui auront contrevenu aux arrêtés des préfets concernant les oiseaux de passage, le gibier d'eau, la chasse en temps de neige, l'emploi des chiens lévriers, ou aux arrêtés concernant la destruction des oiseaux et celle des animaux nuisibles ou malfaisants ;

4° Ceux qui auront pris ou détruit, sur le terrain d'autrui, des œufs ou couvées de faisans, de perdrix ou de cailles ;

5° Les fermiers de la chasse, soit dans les bois soumis au régime forestier, soit sur les propriétés dont la chasse est louée au profit des communes ou établissements publics, qui auront contrevenu aux clauses et conditions de leurs cahiers de charges relatives à la chasse.

Art. 12.

Seront punis d'une amende de cinquante à deux cents francs, et pourront en outre l'être d'un emprisonnement de six jours à deux mois :

1° Ceux qui auront chassé en temps prohibé ;

2° Ceux qui auront chassé pendant la nuit ou à l'aide d'engins et instruments prohibés, ou par d'autres moyens que ceux qui sont autorisés par l'article 9 ;

3° Ceux qui seront détenteurs ou ceux qui seront trouvés munis ou porteurs, hors de leur domicile, de filets, engins ou autres instruments de chasse prohibés ;

4° Ceux qui, en temps où la chasse est prohibée, auront mis en vente, vendu, acheté, transporté ou colporté du gibier ;

5° Ceux qui auront employé des drogues ou appâts qui sont de nature à enivrer le gibier ou à le détruire ;

6° Ceux qui auront chassé avec appeaux, appelants ou chanterelles.

Les peines déterminées par le présent article pourront être portées au double contre ceux qui auront chassé pendant la nuit sur le terrain d'autrui et par l'un des moyens spécifiés au paragraphe 2, si les chasseurs étaient munis d'une arme apparente ou cachée.

Les peines déterminées par l'article 11 et par le présent article seront toujours portées au maximum, lorsque les délits auront été commis par les gardes champêtres ou forestiers des communes, ainsi que par les gardes forestiers de l'Etat et des établissements publics.

Art. 13.

Celui qui aura chassé sur le terrain d'autrui sans son consentement, si ce terrain est attenant à une maison habitée ou servant à l'habitation, et s'il est entouré d'une clôture continue faisant obstacle à toute communication avec les héritages voisins, sera puni d'une amende de cinquante à trois cents francs, et pourra l'être d'un emprisonnement de six jours à trois mois.

Si le délit a été commis pendant la nuit, le délinquant sera puni d'une amende de cent francs à mille francs, et pourra l'être d'un emprisonnement de trois mois à deux ans, sans préjudice, dans l'un et l'autre cas, s'il y a lieu, de plus fortes peines prononcées par le Code pénal.

Art. 14.

Les peines déterminées par les trois articles qui précèdent pourront être portées au double si le délinquant était en état de récidive, et s'il était déguisé ou masqué, s'il a pris un faux nom, s'il a usé de violence envers les personnes, ou s'il a fait des menaces, sans préjudice, s'il y a lieu, de plus fortes peines prononcées par la loi.

Lorsqu'il y aura récidive, dans les cas prévus en l'article 11, la peine de l'emprisonnement de six jours à trois mois pourra être appliquée si le délinquant n'a pas satisfait aux condamnations précédentes.

Art. 15.

Il y a récidive lorsque, dans les douze mois qui ont précédé l'infraction, le délinquant a été condamné en vertu de la présente loi.

Art. 16.

Tout jugement de condamnation prononcera la confiscation des filets, engins et autres instruments de chasse. Il ordonnera, en outre, la destruction des instruments de chasse prohibés.

Il prononcera également la confiscation des armes, excepté dans le cas où le délit aura été commis par un individu muni d'un permis de chasse, dans le temps où la chasse est autorisée.

Si les armes, filets, engins ou autres instruments de chasse n'ont pas été saisis, le délinquant sera condamné à les représenter ou à en payer la valeur, suivant la fixation qui en sera faite par le jugement, sans qu'elle puisse être au-dessous de cinquante francs.

Les armes, engins ou autres instruments de chasse, abandonnés par les délinquants restés inconnus, seront saisis et déposés au greffe du tribunal compétent. La confiscation et, s'il y a lieu, la destruction en seront ordonnées sur le vu du procès-verbal.

Dans tous les cas, la quotité des dommages-intérêts est laissée à l'appréciation des tribunaux.

Art. 17.

En cas de conviction de plusieurs délits prévus par la présente loi, par le Code pénal ordinaire ou par les lois spéciales, la peine la plus forte sera seule prononcée.

Les peines encourues pour des faits postérieurs à la déclaration du procès-verbal de contravention pourront être cumulées, s'il y a lieu, sans préjudice des peines de la récidive.

Art. 18.

En cas de condamnation pour délits prévus par la présente loi, les tribunaux pourront priver le délinquant du droit d'obtenir un permis de chasse pour un temps qui n'excédera pas cinq ans.

Art. 19.

La gratification mentionnée en l'article 10 sera prélevée sur le produit des amendes.

Le surplus desdites amendes sera attribué aux communes sur le territoire desquelles les infractions auront été commises.

Art. 20.

L'article 463 du Code pénal ne sera pas applicable aux délits prévus par la présente loi.

SECTION III.

De la poursuite et du jugement.

Art. 21.

Les délits prévus par la présente loi seront prouvés, soit par procès-verbaux ou rapports, soit par témoins à défaut de rapports et procès-verbaux, ou à leur appui.

Art. 22.

Les procès-verbaux des maires et adjoints, commissaires de police, officiers, maréchal des logis ou brigadier de gendarmerie, gendarmes, gardes forestiers, gardes-pêche, gardes champêtres, ou gardes assermentés des particuliers, feront foi jusqu'à preuve contraire.

Art. 23.

Les procès-verbaux des employés des contributions indirectes et des octrois feront également foi jusqu'à preuve contraire, lorsque, dans la limite de leurs attributions respectives, ces agents rechercheront et constateront les délits prévus par le paragraphe 1er de l'article 4.

Art. 24.

Dans les vingt-quatre heures du délit, les procès-verbaux des gardes seront, à peine de nullité, affirmés par les rédacteurs devant le juge de paix ou l'un de ses suppléants, ou devant le maire ou l'adjoint, soit de la commune de leur résidence, soit de celle où le délit aura été commis.

Art. 25.

Les délinquants ne pourront être saisis ni désarmés ; néanmoins, s'ils sont déguisés ou masqués, s'ils refusent de faire connaître leur noms, ou s'ils n'ont pas de domicile connu, ils seront conduits immédiatement devant le maire ou le juge de paix, lequel s'assurera de leur individualité.

Art. 26.

Tous les délits prévus par la présente loi seront poursuivis d'office par le ministère public, sans préjudice du droit conféré aux parties lésées par l'article 182 du Code d'instruction criminelle.

Néanmoins, dans le cas de chasse sur le terrain d'autrui sans le consentement du propriétaire, la poursuite d'office ne pourra être exercée par le ministère public, sans une plainte de la partie intéressée, qu'autant que le délit aura été commis dans un terrain clos, suivant les termes de l'article 2, et attenant à une habitation, ou sur des terres non encore dépouillées de leurs fruits.

Art. 27.

Ceux qui auront commis conjointement les délits de chasse seront condamnés solidairement aux amendes, dommages-intérêts et frais.

Art. 28.

Le père, la mère, le tuteur, les maîtres et commettants sont civilement responsables des délits de chasse commis par leurs enfants mineurs non mariés, pupilles demeurant avec eux, domestiques ou préposés, sauf tout recours de droit.

Cette responsabilité sera réglée conformément à l'article 1384 du Code civil, et ne s'appliquera qu'aux dommages-intérêts et frais, sans pouvoir toutefois donner lieu à la contrainte par corps.

Art. 29.

Toute action relative aux délits prévus par la présente loi sera prescrite par le laps de trois mois, à compter du jour du délit.

SECTION IV.

Dispositions générales.

Art. 30.

Les dispositions de la présente loi relatives à l'exercice du droit de chasse ne sont pas applicables aux propriétés de la couronne. Ceux qui commettraient des délits de chasse dans ces propriétés seront poursuivis et punis conformément aux sections II et III.

Art. 31.

Le décret du 4 mai 1812 et la loi du 30 avril 1790 sont abrogés.

Sont et demeurent également abrogés les lois, arrêtés, décrets et ordonnances intervenus sur les matières réglées par la présente loi, en tout. ce qui est contraire à ses dispositions.

La présente loi, discutée, délibérée et adoptée par la Chambre des pairs et par celle des députés, et sanctionnée par nous cejourd'hui, sera exécutée comme loi de l'État.

Donnons en mandement à nos Cours et Tribunaux, préfets, Corps administratifs, et tous autres, que les présentes ils gardent et maintiennent, fassent garder, observer et maintenir, et, pour les rendre plus notoires à tous, ils les fassent publier et enregistrer partout où besoin sera ; et, afin que ce soit chose ferme et stable à toujours, nous y avons fait mettre notre sceau.

Fait au palais des Tuileries, le 3e jour du mois de mai l'an 1844.

II

LOI du 22 janvier 1874, promulguée le 25 janvier 1874

L'Assemblée nationale a adopté la loi dont la teneur suit :

ARTICLE UNIQUE :

Les articles 3 et 9 de la loi du 3 mai 1844 sont modifiés ainsi qu'il suit :

Art. 3.

Les préfets détermineront par des arrêtés publiés au moins dix jours à l'avance, les époques des ouvertures et celles des clôtures des chasses, soit à tir, soit à courre, à cor et à cris, dans chaque département.

Art. 9.

Dans le temps où la chasse est ouverte le permis donne à celui qui l'a obtenu le droit de chasser de jour, soit à tir, soit à courre, à cor et à cris, suivant les distinctions établies par les arrêtés préfectoraux, sur ses propres terres et sur les terres d'autrui avec le consentement de celui à qui le droit de chasse appartient.

Tous les autres moyens de chasse à l'exception des furets et des bourses destinés à prendre les lapins, sont formellement prohibés.

Néanmoins les préfets des départements, sur l'avis des conseils généraux, prendront des arrêtés pour déterminer :

1° L'époque de la chasse des oiseaux de passage autres que la caille, la nomenclature des oiseaux et les modes et procédés de chaque chasse pour les diverses espèces ;

2° Le temps pendant lequel il sera permis de chasser le gibier d'eau dans les marais, sur les étangs, fleuves et rivières ;

3° Les espèces d'animaux malfaisants ou nuisibles que le propriétaire, possesseur ou fermier pourra en tout temps détruire sur ses terres, et les conditions de l'exercice de ce droit, sans préjudice du droit appartenant au propriétaire ou au fermier de repousser et de détruire, même avec des armes à feu, les bêtes fauves qui porteraient dommage à ses propriétés.

Ils pourront également prendre des arrêtés :

1° Pour prévenir la destruction des oiseaux ou pour favoriser leur repeuplement ;

2° Pour autoriser l'emploi des chiens lévriers pour la destruction des animaux malfaisants ou nuisibles ;

3° Pour interdire la chasse pendant les temps de neige.

Délibéré en séance publique, à Versailles le 22 janvier 1874.

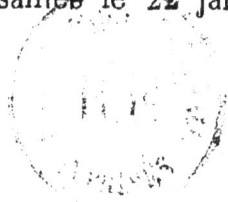

TABLE.

Pages.

Préface 5
Chapitre I.   — De la chasse en général.......... 7
               I.   Historique...................... 7
               II. De la nature du droit de chasse..... 9
               III. Des faits qui constituent la chasse... 12
Chapitre II.   — De l'exercice du droit de chasse. 15
               I.   De l'ouverture de la chasse 15
               II. Du permis de chasse 19
               III. Du consentement du propriétaire.... 30
               IV. De la chasse dans les enclos........ 34
               V.   Des divers modes de chasse prohibés,
                    autorisés ou réglementés par les
                    préfets 40
                    a. Oiseaux de passage 48
                    b. Gibier d'eau................ 50
                    c. Animaux malfaisants ou nui-
                       sibles. Bêtes fauves 51
                    d. Chasse en temps de neige.... 54
                    e. Emploi des chiens lévriers... 54
                    f. Chasse aux petits oiseaux.... 55
Chapitre III. — Du colportage, de la vente et de
                 l'achat du gibier................. 56
Chapitre IV.   — Constatations des délits.......... 60
               I.   Qui peut dresser procès-verbal?..... 60
               II. Du procès-verbal................. 63
               III. De l'affirmation des procès-verbaux,
                    leur enregistrement.............. 66
               IV. Des gratifications auxquelles ils don-
                    nent droit 66
               V.   Dispositions transitoires 68
Chapitre V.   — Poursuite. Jugement. Prescrip-
                 tion 70
               I.   Qui peut poursuivre?............. 70

Pages.

II. Quel est le tribunal compétent?..... 74
III. Du jugement....................... 75
IV. Prescription 77
Chapitre VI.   — **Des peines**................... 79
Recouvrement des amendes ; leur répartition 88
Chapitre VII.   — **Dispositions transitoires** 90
Chapitre VIII. — **De la louveterie**................. 90
Appendice. — Loi du 3 mai 1844..................... 96
— Loi du 22 janvier 1874.................. 105

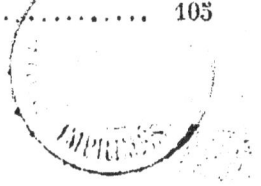

Paris. — Soc. d'imp. P. Dupont, 41, rue J.-J.-Rousseau (165, 12,80).